灵魂的

匠师

92位

艺术家的

生命风采

（第3卷）

主编◎王子安

山头大学出版社

U0724303

Artist

图书在版编目（ＣＩＰ）数据

灵魂的匠师：92位艺术家的生命风采. 第3卷 / 王子安
主编. -- 汕头：汕头大学出版社，2012.5（2024.1重印）
ISBN 978-7-5658-0747-3

Ⅰ．①灵… Ⅱ．①王… Ⅲ．①艺术家－生平事迹－世
界－青年读物②艺术家－生平事迹－世界－少年读物
Ⅳ．①K815.7-49

中国版本图书馆CIP数据核字(2012)第081472号

灵魂的匠师 ：92位艺术家的生命风采. 第3卷
LINGHUN DE JIANGSHI ：92WEI YISHUJIA DE SHENGMING FENGCAI. DI3JUAN

主　　编：王子安
责任编辑：胡开祥
责任技编：黄东生
封面设计：君阅书装
出版发行：汕头大学出版社
　　　　　广东省汕头市汕头大学内　邮编：515063
电　　话：0754-82904613
印　　刷：河北浩润印刷有限公司
开　　本：710 mm×1000 mm　1/16
印　　张：12
字　　数：80千字
版　　次：2012年5月第1版
印　　次：2024年1月第2次印刷
定　　价：55.00元
ISBN 978-7-5658-0747-3

版权所有，翻版必究
如发现印装质量问题，请与承印厂联系退换

前　言

　　自古以来,中华民族即具有以"圣人立言、家祖立训"的方式来育子、治家的传统。我们的祖先通过编写包含历代圣哲贤人的经典话语与为人处世的故事,家族祖辈的家法家规与训子语录,从而在"父教子、子教孙"的世代教授、相予中,而着力培养子孙后代的德行品质,在"成事先成人、立业先立德"的道德标榜中,塑造着家族的精神与形象。在中国古代,诸如《大学》、《论语》、《四书》、《五经》、《女儿经》、《弟子规》等等,无一例外的都是一种个人道德修养的必修读物。古人期望通过这些华夏民族经典古籍中所记录的有关圣贤们的言行故事,而从中悟出做人的道理,进而使家族的精神、道德得以世代继承,而保持家族的荣光,或永恒昌富,或由贫而贵。在古代,家如此,国亦如此,无论是公立私塾还是皇家太学,对于古代贤者精英的言行道德学习与模仿,始终是王朝教育的一项重要内容。

　　历史发展到今日中国,我们的民族已经进入"崇尚发展个人的价值,崇尚民族的整体精神,复兴中华民族悠久历史文化"的时期,一股股国学浪潮正在蓬勃发展。崇文诵典,重新重视"圣人言""圣人书",已逐步得到推广与民众的认可。尤其是对于今日那些身处大众媒体高度发达、信息资源极端丰富背景下的中国青少年来说,他们一方面由于信息的灵便而可以享受到资讯时代的便捷,另一方面也不可避免地会遭遇到成长时的迷茫。对于青少年成长中的"成长迷茫",是可以通过讲述古人的人生故事、才智故事与人生态度,而给予他们以有益的帮助的,因为"榜样的力量是无穷的"。

　　《灵魂的匠师——92位艺术家的生命风采》共分三卷,按照"生平简介、童年岁月、教育历程、人生故事、婚姻爱情、人生理念"的结构,详细介绍了92位古今中外著名艺术家的点点滴滴。书中精心选取了古今中外92位著名的艺术大师,通过讲述他们的人生历程、人生故事、人生语录与人生理念,给予青少年以人生成长的启示与为人处世的道理。具有很强的知识性、可读性、趣味性,是读者必选的课外读物之一。

当然,在具体到某些个别人物时,由于资料的缺陷而造成编写时并未严格按照"生平简介、童年岁月、教育历程、人生故事、婚姻爱情、人生理念"的结构去编写,一些人物在文献中的资料缺乏,可能造成讲述该人物时,会显得资料单薄。另外,由于编者水平与时间的有限、仓促,使得此书难免会存在一些不足之处,敬请广大青少年读者予以见谅,并给予批评。希望此书能够成为广大青少年读者成长的良师益友,并使青少年读者的思想得到一定程度上的升华。

2012 年 5 月

目 录

◎ 肖　邦

肖邦，波兰作曲家、钢琴家。1810年2月22日诞生于一个教师家庭，青年时代爱好民族音乐。1826年至1829年，肖邦在华沙音乐学院学习。1830年，肖邦到巴黎定居，在法国从事创作、教学，并与流亡的波兰文学家密茨凯维奇及海涅、李斯特、乔治桑等浪漫主义文艺家交往。他憎恨沙俄政府侵略波兰，其许多作品反映了对故国的怀念，对民族独立的期望和忧国忧民的悲愤心情。

肖　邦

由于肖邦常在贵族、资产阶级沙龙中演奏，因此，一部分作品流露出个人感伤的忧郁情调。其创作在发挥钢琴性能及和声表现力等方面有所创造，对其后的西洋音乐有深远影响。1849年10月17日，肖邦在巴黎病逝，年仅39岁。他的作品有钢琴协奏曲两部、钢琴奏鸣曲三部以及玛祖卡、波洛涅兹、圆舞曲、练习曲、前奏曲、夜曲、即兴曲、诙谐曲、叙事

曲等大量钢琴独奏曲和歌曲。

波兰的孩子

　　肖邦生于波兰，母亲是波兰人，他一生中的最初20年是在那里度过的，直到今天波兰人仍认为他是波兰的首席作曲家。然而他的父亲是法国人，他成年后便一直待在世故的巴黎。波兰深深植根于他的作品中，但巴黎的文化和环境对他天才的发展有更深刻的影响。传记作者加沃蒂说他一方面永远远怀念着故国，另一方面又是个巴黎的强烈爱好者，就好比是"使用一架巴黎钢琴的波兰诗人"。

　　名扬四海的钢琴家、波兰共和国前总统帕德列夫斯基下面这段话，是对肖邦遗产的看法："马索维亚乡间熟悉的舞蹈，浓郁的夜曲，活泼的《克拉科夫舞曲》，神秘的《前奏曲》，明亮的《波兰舞曲》，庞大惊人的《练习曲》，暴风雨交加的史诗般的《叙事曲》——他了解一切，他能感到一切，因为一切都属于他，一切都是波兰的。肖邦美化一切，使一切都变得高贵。他在波兰土壤深处找到了珍宝，留给我们一笔财富。他第一个让波兰农民享有最崇高的东西——美……诗人，魔术师，精神力量产生的权威，他使各阶层的人平等相处，但不是在日常生活的最低处，而是在情感的崇高巅峰。波兰人就是这样倾听肖邦的，倾听他们所喜欢的诗人，泪睛滂沱。我们大家就是这样倾听他的，我们怎能不这样倾听这位波兰人民的

诗人呢?"

波兰音乐巨子

19 世纪 30 年代的巴黎，出现了雨果、巴尔扎克、维尼伯爵、德拉克洛瓦、拉马丁、海涅等这些艺术界的精英、知识分子、画家、诗人、评论家、文人学士。他们之中还有才华出众的乔治·桑——抽雪茄的著名小说家，穿着男人衣服，款待一批批文学巨匠的女主人。这些对一个纤弱、修长、文雅、言谈柔和，一副贵族仪表的波兰流亡者来说是什么样的情境啊！肖邦是个多才作曲家，有史以来最优秀的钢琴家之一，还从俄国沙皇手中接受过一枚钻戒。

肖邦是"卓越七人"之一，"卓越七人"是先后诞生于 19 世纪初 10 年内的早期浪漫主义者，都名列排行榜前三分之一内。肖邦是历史上最优秀的钢琴家之一，也是大作曲家中唯一只写钢琴曲而不写其他作品的人，没有交响曲、歌剧或清唱剧，很少写管弦乐作品。他的确写了两首钢琴协奏曲，但仍是以钢琴为主，管弦乐只是背景，和那些钢琴与管弦乐团在其中平分秋色的作品不同。钢琴家顾尔德曾说过："毫无愧色的肖邦几乎从未像其他主要作曲家那样积极致力于大型结构。"

肖邦是小型曲式的大师。他没有创作出足以显示其天才的《英雄交

响曲》《费加罗的婚礼》或《b 小调弥撒曲》。他写的钢琴作品称为《前奏曲》《诙谐曲》《马祖卡》《夜曲》《波兰舞曲》《幻想曲》《回旋曲》和《即兴曲》等。这些作品大多数激烈、富于诗意、充满感情，许多作品充满着巴黎人的细腻，而另一些则又显现出波兰人炽烈的爱国热情。

肖邦的作品包括 10 首波兰舞曲、55 首马祖卡舞曲、4 首诙谐曲、4 首叙事曲、26 首前奏曲、27 首练习曲、19 首夜曲、14 首圆舞曲、2 首年轻时写下的钢琴协奏曲、2 首著名的钢琴奏鸣以及 19 首歌曲。《降 b 小调第二号钢琴奏鸣曲》中包含了最著名的葬礼进行曲之一（一首在贝多芬的《第三号交响曲》中，还有一首在瓦格纳的《诸神的黄昏》中）。

肖邦的《波兰舞曲》散发出这个英勇民族有别于其他民族的勇敢和价值。波兰舞曲起源于波兰，一般被认为是一种傲慢、威严、列队行进的交际舞。肖邦最著名的波兰舞曲包括：A 大调"军队"，Op. 40；升 f 小调，Op. 44；以及降 A 调"英雄"，Op. 53。

马祖卡是肖邦家乡一种波兰特有的舞曲。李斯特是一个直言不讳的人，这可从他对波兰舞曲评论中看出，他对肖邦的马祖卡舞也有着同样的热情的评述："几乎所有的马祖卡舞曲都充满了迷雾般的恋情，像流动的空气漂浮在他的前奏曲、夜曲和即兴曲的周围，你能够逐一地寻找出热情的变化，像是个童话世界，并诱露出仙女、仙后、精灵、玛布王后以及空中、水里和火里一切神魔的轻率信心。"

关于肖邦的马祖卡舞曲，传记作者加沃蒂写道："它们在肖邦的全部作品中占有特殊地位。它们概略地表达了奏鸣曲、诙谐曲、叙事曲和波兰舞曲所产生的英雄气概、雄伟和复仇心。但作为音乐本身，它们也许是最精湛、最富个性和最超凡独创性的作品。"马祖卡舞曲是肖邦的精髓——

重感情而不重理智，愉快和悲哀交替进行。肖邦气势过人的旋律和声音的纯粹之美，以及他的抒情性（音乐中个人的、非常富于感情的特质）在浪漫主义运动的发展中起了主要作用。虽然不如柏辽兹激进，也不像李斯特那样不按规则行事（力图把钢琴变成整个交响乐团），但肖邦却是个实验家。肖邦的演奏，技巧准确，既不过火也不拖沓，毫无失控之处，无论何时都显出良好的风度、教养和暖洋洋的诗意。

波兰的"莫扎特"

肖邦生于华沙附近的泽拉佐瓦沃拉。当他 9 岁第一次面对大众演奏钢琴时，公正的华沙人称他为"新莫扎特"。在经过很多音乐学习和零星的公众场合演出后，他于 1830 年在华沙举行 3 场盛大的告别音乐会，并访问了一些德国城市。原打算访问美国，后来因为那里情况显得过于原始而放弃了，随后定居在巴黎。他在巴黎受到友人们的欢迎，专心致力于作曲和其他事情，而放弃了公开的钢琴演奏。

肖邦和作家乔治·桑一起"亲密无间"地生活了 10 年。他们相遇时肖邦 28 岁，乔治·桑 34 岁，他们在马略卡岛度过了一个冬季，并在巴黎或诺罕城堡中一同度过许多时光。乔治·桑是个政治活动家，反对王政、传统和习俗；而肖邦是个音乐家，对社会的不公正并不十分关心。他的目

标是"创立艺术上的新纪元";她则有强烈统治欲性格,目标是改造不公正的世界。

肖邦在1847年结束了两人的关系,回到巴黎住处进行创作。1849年,即和乔治·桑的关系结束后两年,创作才能已经枯竭的肖邦,因肺病在巴黎去世,享年39岁。死前不久在苏格兰写的一封信中,他悲叹道:"我的艺术怎么了?而我的心被耗费在什么地方?我现在几乎已记不得我家乡人们是怎样唱歌的了。那个世界将从我身边溜走。我忘记了,我已筋疲力尽。为此我抬起身子,我会再掉下去,掉得比以前任何时候更低。"

◎ 舒 曼

舒曼，德国作曲家、音乐评论家，1810 年 6 月诞生于书商家庭。6 岁开始舒曼接受音乐教育，深受舒伯特影响。他在莱比锡大学攻读法律时，大部分时间用于作曲与钢琴演奏。同时师从著名钢琴教师维克学习。1840 年，舒曼与维克女儿、杰出的女钢琴家克拉拉结婚。

舒曼模仿舒伯特的风格创作了一些圆舞曲，后来用在钢琴套曲《蝴蝶》中。他原想成为一名卓越的钢琴家，由于右手指意外受伤，只好埋头作曲。他的成名作品有

舒 曼

《核桃树》《套曲》《诗人之恋》《女人的爱情与生活》等，管弦乐曲有《降 B 大调第一交响曲》《幻想曲》。1843 年莱比锡音乐学院成立，舒曼担任钢琴、作曲教授。1856 年 7 月 29 日病死于波恩。

最具浪漫精神的人

在音乐的诗意与歌曲创作上，唯有舒伯特（舒曼的崇拜对象）比舒曼更出色。舒曼是浪漫主义者中最具浪漫精神的人，关于这一点几乎毫无争议。"我到底是什么样的人，"他写道，"我自己并不知道……我是不是一位诗人，命运总有一天会决定。"历史已作出了确切的评论——他无疑是一位音乐诗人。

这位浪漫主义英雄摸索前行，蹒跚踉跄，他看到前面的深渊，但深知自己不会坠下。作为一个本质上的浪漫主义者，怀着那样的生活观，很自然地，舒曼是忧郁的，即使在他多产的时期。他后来为精神抑郁症所苦，有一次企图自杀，46 岁时死于一所精神病院。传记作家鲍科莱契利耶夫这样评价舒曼："他属于那种为幻象笼罩的灵魂，易于夭折，因为这样的灵魂拒绝接受时光不能回转的不完善世界。他实际上是属于不快乐的那种人，他们在寻求无限的过程中不仅用自己的作品，而且用自己的生命和理智去冒险。"

在作曲方式上，舒曼是那个时代第一位彻底的音乐反叛者。他认为没有理由去尊重那种古典结构以及碍手碍脚的种种限制。"就好像所有的精神图像都必须塑造得符合一两种形式，"他宣称，"就好像每一思想都不能以自己既有的方式存在！好像每件艺术作品都没有自己的意义，从而也就

不具有自己的形式！"这便是后来的浪漫主义理论，但舒曼第一次宣扬它的时候却无异于异端邪说。他自身的天才与这种打破成规的方式相结合，产生了他音乐中抒情的美。舒曼本人便是一个多情善感的人。最常用来形容他作品的字眼是："激烈的""异想天开的""抒情的""诗意的"以及"富于旋律的"。

舒曼的音乐被称为是对灵魂状态与情境的表达，从不故作惊人，从不客观写实。一位评论家写道："没有一个作曲家向善接纳的听者喃喃低语过这样精致纤细的秘密，和如此令人心醉神迷的美。舒曼音乐的聆听者也必须是满怀想象的梦幻家，他必须常常能预感到作曲家的思想。"也许我们热爱音乐的听众不必非得预感到作曲家的思想，但只要记住，音乐开始于一位诗人的梦想世界里。

舒曼的音乐世界

舒曼被认为是较小体裁、特别是钢琴和声乐作品尽善尽美的大师，但他并不限于这些形式。他较大规模的作品包括四首交响曲、一首大提琴协奏曲、一首钢琴协奏曲；室内乐方面有一首备受称赞的钢琴四重奏、一首广为流传的钢琴五重奏，还有一些弦乐四重奏。

舒曼在23岁时写下了第一首钢琴杰作，是同一主题的12个变奏，称为《交响练习曲》。另一首早期的钢琴杰作是作于1834—1835年间的《狂

欢节》，由 21 个乐章组成。舒曼在其中"尽情挥洒他的天才"的第一首乐曲。两首更为世人肯定的杰作是作于 1837 年的八首《幻想曲》，和由另外 8 首钢琴短曲组成的《克莱斯勒偶记》。两组专为儿童所写的专集也十分著名：《儿时情景》和《少年曲集》。前者有 13 首乐曲，后者包含 43 首简短的曲子。

尽管这些作品中有一些相当"庞大"，但专家们指出，即使如此，舒曼所偏爱的仍然是将许多小型的单独乐曲串在一起，而不是将它们组合并统一起来，他最著名的钢琴作品或许就是不朽的《C 大调幻想曲》。1838 年舒曼在给他心爱的克拉拉的信中谈到这首乐曲。克拉拉是一名钢琴演奏家，舒曼追求她多年，并且不顾她那做音乐教师的父亲的激烈反对，终于娶到了她。写这封信的时候他们还没有结婚，"我刚刚完成了一首有三个乐章的幻想曲，我想我从未写过比第一乐章更充满激情的东西，那是关于你的深深悲痛之情。只要你回想一下不幸的 1836 年夏天，我不得不放弃你的时候，你就能理解这首幻想曲。现在我没有理由再用如此悲惨忧郁的调子写作了！"

1840 年，30 岁的舒曼和克拉拉结婚不久，即写下了无人能及的最美的情歌。与克拉拉婚后数年是他创造力最旺盛的时期。他们的爱情一直持续到他去世，他在最后几年健康状况一直很差。最著名的有《在美妙的五月》《月夜》《我不生气》《春夜》《献词》《美丽的摇篮》《莲花》《漫游歌》《胡桃树》和《我的情人》等。最著名的是一首叙事歌《两个掷弹手》。他还创作了一些声乐套曲，最著名的是《诗人之恋》和《女人的爱情与生活》。《诗人之恋》包括 16 首歌曲，海涅作词；《女人的爱情与生活》有 8 首歌曲。

作为作曲家，舒曼总是在一段时期集中于一种体裁，例如数年间只写作钢琴作品，以后又完全转向其他种类，晚期专注于室内乐和交响曲。他的四首交响曲《降 B 大调第一号交响曲》"春"，是一首快乐的作品；《C 大调第二号交响曲》，其氛围更像纽约州北部的冬天；《降 E 大调第三号交响曲》，反映莱茵河的生活以及最"成熟而统一"的《d 小调第四号交响曲》。舒伯特将德国艺术歌曲变为"复杂而深刻的乐曲"，"激动人心的小天地"，舒曼继承了这一完美的，或接近完美的形式。

◎ 海　顿

海顿（1732—1809 年），奥地利作
曲家。1732 年 3 月 31 日生于奥匈边境
下奥地利的村镇罗劳，1809 年 5 月 31
日卒于维也纳。他的父亲是车匠，母亲
是贵族府中的厨工。家境贫困，12 个
孩子有 6 个夭折，海顿是 12 个孩子中
的第 2 个。海顿的音乐作品类别有协奏
曲，钢琴三重奏弦乐三重奏、钢琴变奏
曲、钢琴幻想曲等。在作曲技术上奠定
了欧洲古典时期的交响曲和室内乐
的规范。

海　顿

海顿的作品数量惊人，共计有交响曲 108 部，弦乐四重奏 77 部，各类
三重奏 180 部，钢琴奏鸣曲 50 部，歌剧 14 部，清唱剧两部。其代表作有
《第四十五交响曲》《第九十二交响曲》《第九十四交响曲》《第一百交响
曲》《第一百零一交响曲》《第一百零三交响曲》及清唱剧《创世纪》《四
季》等。他的 18 部歌剧多是小型喜歌剧，包括《月中世界》《天长日久》
《荒岛》《阿尔米达》等，面向人生，气息清新。

"交响曲之父"

充满深沉宗教感的海顿对古典音乐作曲及其继续发展所做出的贡献是不可估量的。他写作了 104 首交响曲，被称之"交响曲之父"，但更确切地说，是交响曲的重要发扬者而非开创者。他也是弦乐四重奏的准发明家——无疑是其形式的完善者，而且他至少是奏鸣曲和奏鸣曲式的教父。

海顿直到 27 岁才开始写作交响曲，而直到 1772 年创作了《第四十五号交响曲》，才被专家冠以"杰作"二字。当时他 40 岁，在埃斯泰哈齐宫廷担任乐长，并且大半生担任此职。《升 f 小调第四十五号交响曲》"告别"是至今仍时常上演的海顿最早的交响曲之一。一系列杰作的出现开始于 1784 年，海顿受巴黎之托写作两组交响曲，每组 3 首（第八十二号至八十七号）。随后是他最著名的在伦敦创作的两组交响曲，每组 6 首（第九十三号至一〇四号）。这些作品和莫扎特最好的交响曲，被视为贝多芬之前交响曲的巅峰。在伦敦创作的交响曲中，海顿将许多乐器放在一起——弦乐器、双簧管、巴松管、法国号、小号、长笛、鼓、竖笛。12 首中有 10 首为两把长笛编谱，有 5 首为竖笛编谱。

海顿生于奥地利罗劳村，是一名制轮匠的儿子，在维也纳一所教堂的唱诗班唱歌并接受教育——一直到他变声以后，靠在大街上弹一架破钢琴卖唱为生，随后贵族发现了他。他一生的大部分时间在维也纳附近度过，当时音乐主要属于贵族，少有公众音乐会，是一种保护人体制。从 1762 年开始，埃斯泰哈齐亲王一直是海顿的保护人兼雇主，长达 30 年。在此之前，海顿曾为亲王的兄长保罗·安东·埃斯泰哈齐服务一年。这个家庭是匈牙利贵族中最富有、最有势力的一个。海顿先住在艾森施塔特的宫殿，后来大部分时间在新的埃斯泰哈查宫度过。维也纳距此并不远，但在他晚年的大部分时间里，海顿冬季住在艾森施塔特，或是住在埃斯泰哈查。这里过的是与肖邦、柏辽兹、李斯特的巴黎生活，与舒曼和门德尔松的莱比锡生活完全不同的生活。

海顿有一个简单的生活信条："善良勤奋，并不断地侍奉上帝。"身为作曲家，他成熟得很慢，直到 40 岁左右才写出伟大的音乐。舒伯特死于31 岁。莫扎特 35 岁。如果他也英年早逝，历史上就不会有海顿了。在协奏曲领域，他最受欢迎的作品包括《降 E 大调小号协奏曲》，以及大提琴、法国号和拨弦古钢琴的协奏曲。

海顿在 1809 年 77 岁时去世，直到将近 70 岁时才写下了被普遍认为是他最伟大的作品，神剧《创世纪》。他创作神剧的动机部分来自对亨德尔的尊敬。亨德尔死于 1759 年，当时 27 岁的海顿放弃了《创世纪》的手稿，后来又接受了它，作为音乐上和献给上帝的使命。他在日记中写下了这段体验："我每天跪倒在地，乞求上帝赐予我力量，让我幸运地完成我的作品……我感到被宗教感所浸透，每当坐在钢琴之前，我都怀着渴望之情祈祷上帝，使我能当之无愧地赞美他。"作为宗教崇拜的媒介，《创世纪》被一些人看成几乎与《弥赛亚》同一阵线。它被称为是一首有罕见的灵感和宗教感的庄严作品。

◎ 舒伯特

　　舒伯特（1797—1828 年），奥
地利作曲家，被誉为"歌曲之王"。
1797 年 1 月 31 日，舒伯特出生在
维也纳贫困的小学校长家庭。他从
小学习钢琴和小提琴，11 岁被帝
国小教堂唱诗班录取，成为该校乐
队小提琴手，同时还担任指挥，这
使他有机会接触维也纳古典乐派名
作。1814 年，为歌德的诗《纺车
旁的格丽卿》谱曲。1816 年，舒
伯特辞去教师的职务，专心从
事作曲。

舒伯特

　　舒伯特满怀热情地创作了大量歌颂民族解放斗争的优秀作品。给后人
留下了六百多首委婉动听的艺术歌曲，为世界音乐宝库增添了耀眼的光
辉。最有代表性的歌曲有《魔王》《野玫瑰》《圣母颂》《菩提树》《鳟鱼》
《小夜曲》以及声乐套曲《美丽的磨坊女》《冬日的旅行》等；另有 18 部
歌剧、歌唱剧和配剧音乐，10 部交响曲，19 首弦乐四重奏，22 首钢琴奏

鸣曲，4 首小提琴奏鸣曲以及许多其他作品。1828 年 11 月 19 日，年仅 31 岁的舒伯特在维也纳溘然长逝，安葬在贝多芬墓旁。

"歌曲之王" 舒伯特

舒伯特的第一位传记作家葛罗夫爵士说他"出生于最底层"。实际上，舒伯特的父亲是维也纳郊区一位勤奋的小学校长。年轻的舒伯特及其父亲和两个哥哥可以组成自己小小的家庭四重奏。舒伯特学习钢琴和小提琴，他还有一副好嗓子，12 岁时进入帝国宫廷唱诗学校。他在那里学习拉丁语、希腊语、数学、历史和自然科学。17 岁时，在维也纳当更年轻的孩子们的老师。这时他完成了他的《第三号交响曲》，18 岁时他放弃教书，其余的时间全部用来作曲。

舒伯特从未结婚，染有性病，从前有人认为这就是他的死因，但意见不一。有人认为他死于斑疹，也有人认为他死于伤寒，今天得到广泛认可的是梅毒。他的一生被传记家称为"平淡无奇"，作为作曲家几乎不为公众所知，许多作品在他死后多年才发现。《纺车旁的格丽卿》写于 1814 年 10 月 11 日的下午，舒伯特时年 17 岁。《魔王》在次年的另一个下午用几分钟时间谱成。舒伯特父亲的房内没有钢琴，年轻的艺术家只好和朋友奔向附近的修道院去听第一遍演奏。这是两首最著名的古典音乐歌曲，被李斯特称为"最富诗意的"作品。

到31岁去世为止，舒伯特创作了五百多首歌曲，包括世界闻名的《圣母颂》。他最伟大的贡献是歌曲——与旋律相结合的歌曲：简洁的旋律，高扬的旋律，柔和的旋律，神奇的旋律，忧郁的旋律。舒伯特是位诗人，也写作交响曲。他一共写了9首交响曲，但《第七号》只停留在初稿阶段。前3首是早期作品，作于1813年和1815年，当时舒伯特还是个少年。评论家称它们"古典""轻盈""活泼"，是"他早期清新的气质的范例"。《第五号》被认为是他早年的杰作。这首作品欢乐、愉快、阳光灿烂，没有阴暗的思想。

舒伯特的音乐世界

舒伯特用这样的话解释他的作品："我的音乐是我的天才与苦难的产物。"舒伯特将德国艺术歌曲带到了完善的顶点，几乎将旋律、结构美、原诗的涵义与情感以及钢琴伴奏的微妙触键结合得完善无瑕。在他那里，歌曲变成了一件完整的艺术作品。他按照特殊顺序和特殊主题把一组歌曲安排成一个艺术的整体，称为"联篇歌曲"。

一组完整的歌曲，通常完全取材于一位诗人的抒情诗。舒伯特两组有名的联篇歌曲是《美丽的磨坊女》和《冬日的旅行》，均采用缪勒的诗。有人认为它们是文字上最精美的歌曲系列。

舒伯特另一组著名的联篇歌曲是《天鹅之歌》，但并非全部采用一位

诗人的作品，其中前 7 首歌词的作者是瑞斯塔，接下来 6 首是海涅，最后一首是塞德。

至于单独的歌曲，最有名的是《纺车旁的格丽卿》。《魔王》是歌德的一首叙事诗，描述魔王统治着所有的精灵，他出现在孩子面前引诱孩子走向死亡。另外还有《圣母颂》《谁是西尔维亚》等。舒伯特的艺术歌曲被称为"在最小的空间展开最大的艺术创造"。

在室内乐领域，舒伯特写了二十多首四重奏，几首三重奏，几首钢琴三重奏。后者最著名的是《降 B 大调钢琴三重奏》。他的仰慕者舒曼写道："一瞥之下……人类生存的烦恼消失了，整个世界再次新鲜而明亮。"两首特别有名的弦乐四重奏是第十四号，d 小调《死神与少女》和未完成的 c 小调《第十二号四重奏乐章》。《大提琴五重奏》也许是最为称道的室内乐作品，但公众最喜爱的则是《钢琴与弦乐五重奏》。

关于音乐的构成，舒伯特有时从大调滑到小调，再从小调回到大调，这并非古典音乐的特点，还被认为在和声中比莫扎特和贝多芬有更多的不和协音。这类事实使音乐理论家将舒伯特视为古典和浪漫时期的桥梁。

◎ 柴可夫斯基

柴可夫斯基（1840—1893
年），是俄罗斯浪漫乐派作曲家，
也是俄国民族乐派的代表人物。柴
可夫斯基出生于乌拉尔的伏特金斯
克城，父亲是工程师，他的童年是
在一个富裕的贵族家庭中度过的。
柴可夫斯基从小在母亲的教导下学
习钢琴，由于父亲的反对，进入法
学院学习，毕业以后在法院工作。
22岁时柴可夫斯基进入圣彼得堡
音乐学院，跟随安东·鲁宾斯坦学
习音乐创作。毕业后，在尼古拉·
鲁宾斯坦的邀请下，担任莫斯科音
乐学院教授。

柴可夫斯基

柴可夫斯基身体脆弱，性格内向而且脆弱，感情丰富，与疯狂崇拜自
己的女学生的婚姻破裂后，企图自杀。柴可夫斯基几乎是全世界最受欢迎
的"古典"作曲家。他在作品中流淌出的情感时而热情奔放，时而细腻婉

转。他的音乐具有强烈的感染力，充满激情，乐章抒情又华丽，并带有强烈的管弦乐风格。

柴可夫斯基的著名作品有芭蕾舞剧《天鹅湖》《睡美人》《胡桃夹子》；歌剧《伏尔加河上的梦》《婀婷》《禁卫兵》《铁匠瓦古拉》《叶甫盖尼·奥涅金》《奥尔良少女》等。柴可夫斯基是另一个在短暂一生中充满悲剧性的伟大作曲家，53 岁时逝世。

俄罗斯音乐巨人

柴可夫斯基于 1840 年生在一个矿业小城镇里。虽然这个小城镇是粗劣、丑陋和荒芜的，但柴可夫斯基一家像一个王子的家，有许多仆役和最华丽的地毯、图画和家具。当他八岁的时候，全家搬回大城市圣彼得堡。由于他一人躲在家这样长久，这个性情羞涩的小男孩发现学校生活很艰苦。几年后，他的母亲传染上可怕的流行性霍乱而去世，留给柴可夫斯基一种忧伤的心情，这在他一生的音乐中都能表现出来。此时，音乐成为他的唯一欢乐。他的父亲要求他必须以法律为终身职业，所以他也学习法律。

当柴可夫斯基 19 岁的时候，他读完了他的法律课并且获得政府里的一个小职位。在这个时期，他曾经到处求师，尽力学习他能学的一切音乐。那时安东·鲁宾斯坦创始了圣彼得堡音乐学院，柴可夫斯基第一次有了一

个获得良好音乐教育的机会。安东·鲁宾斯坦的弟弟尼古拉·鲁宾斯坦成了柴可夫斯基的朋友。当尼古拉在莫斯科建立了新的音乐学院的时候，柴可夫斯基终于赢得了他的父亲的同意，接受了被授予的教师职位。

音乐学院的日子是柴可夫斯基的不幸岁月。柴可夫斯基那时很穷，虽然他的作品一个接一个，但未能给他带来金钱和名誉。后来，有一位非常富有的寡妇——娜杰伊达·梅克夫人，是一个非常热爱音乐的人，她听过柴可夫斯基的一些作品。早在任何别的人相信他之前，她认为他终有一天会伟大的起来。于是她给他写信，告诉柴可夫斯基：她多么爱慕他的作品。梅克夫人劝柴可夫斯基接受她每年给他的一项津贴，使他能够把全部时间用于作曲。她给他这项津贴只有一个条件，那就是他们应当保证永远不互相见面。他们常常互相通信，所以柴可夫斯基把他所有的计划、希望与恐惧都告诉了她，但是他们从来不相见。

有了梅克夫人这位"红颜知己"，柴可夫斯基已经能够在意大利和瑞士旅行，住在舒适的地方作曲——写芭蕾舞曲、歌剧和交响曲。柴可夫斯基并不完全像"强力五人集团"那样，力图写完全民族主义的音乐（为俄国写的俄罗斯音乐）。柴可夫斯基更愿意写他内心里的东西，但由于他的心是俄罗斯人的心，所以在他所有的音乐中，甚至在那六部伟大的交响曲中，里面都有俄罗斯的精神，他创作了《1812 年序曲》这首有代表性的爱国作品。他的歌剧《叶甫盖尼·奥涅金》在皇家歌剧院获得成功，因此沙皇发给他"圣·弗拉基米尔"荣誉勋章。当柴可夫斯基刚刚创作了他的最伟大的交响曲——他的"第六"或"悲怆"交响曲后，可怕的霍乱就夺去了他的生命。

"野蛮"的胜利

柴可夫斯基在一切音乐领域中都有突出的成就，但他最著名的是多种形式的管弦乐作品，大部分用忧郁的小调写成。他在感情上和作曲方式上都是浪漫主义者，是排行榜50位作曲家中最伟大的旋律家之一，创造了流动的、抒情的、浪漫主义的旋律。针对他过分伤感的专家们固执的批评，多年来从未减弱过公众对他不间断的热爱。对真正的民众来说，伤感的旋律始终是胜利者。

下面是1881年维也纳评论家汉斯利克发表对柴可夫斯基的小提琴协奏曲不利的观点："有那么一阵子这首协奏曲还算是音乐，比例恰当，而且不无才华。但很快地，野蛮占了上风并一直支配乐曲直到第一乐章结束。小提琴不再是演奏出来的，它被硬生生地拉扯，被撕裂粉碎，被击打得伤痕累累。我不知道谁有可能克服这些令人毛骨悚然的困难，但我确实知道布罗斯基先生为之牺牲了他的听众和他自己。有着柔和的民族旋律的柔板几乎赢得我们的好感，但它突然中断而转向终乐章，把我们带到一个俄罗斯集市粗鲁污秽的狂欢之中。我们看到野蛮庸俗的脸孔，听到咒骂声，嗅到劣质白兰地的味道。柴可夫斯基的小提琴协奏曲使我们第一次产生了这样可怕的想法，就是音乐也可能玷污人的耳朵。"

柴可夫斯基的三首"激情的"交响曲——《第四号》（1878年）、《第

五号》（1888 年）、和《第六号》（1893 年），在今天也是常常演出的曲目。他写了大约十部歌剧，其中《叶甫盖尼·奥涅金》和《黑桃皇后》经常上演。他的《天鹅湖》（1876 年）、《睡美人》（1889 年）和《胡桃夹子》（1892 年），使得严肃的伟大作曲家开始重视芭蕾音乐的写作。这三首芭蕾音乐在今天都是声誉最高、演出最多的。

柴可夫斯基其他深受喜爱的作品包括三首著名的标题音乐：《罗密欧与朱丽叶》（1870 年），这是他的第一首作品；受但丁《地狱篇》启发而作的《里米尼的弗兰契斯卡》（1876 年）；《意大利随想曲》（1880 年）；激情的《降 b 小调第一号钢琴协奏曲》（1875 年）；今天极受欢迎的《D 大调小提琴协奏曲》（1878 年）以及《1812 年序曲》。

每个人都将他的钢琴协奏曲列为这一体裁的最佳作品，他富于旋律感的小提琴协奏曲也与贝多芬、勃拉姆斯、门德尔松的作品并驾齐驱，大多数人很可能喜欢它甚于德沃夏克、巴托克、西贝柳斯、圣桑和普罗科菲耶夫的小提琴协奏曲（巴赫的巴洛克时代的小提琴作品要单独作出判断）。

◎ 莫扎特

莫扎特（1756—1791 年），奥地利作曲家，维也纳古典乐派的代表人物。1756 年 1 月 27 日生于奥地利萨尔茨堡粮食街 9 号，1791 年 12 月 5 日卒于维也纳，享年 35 岁。莫扎特出生于一个宫廷乐师之家，他的父亲列奥波尔德是一位颇受人们尊敬的小提琴家、作曲家，小莫扎特非凡的音乐天赋很早就引起他的欣喜与关注。

莫扎特很小时就被公认为音乐"神童"。他 3 岁就能在钢琴上弹奏

莫扎特

所听到过的乐曲片断，5 岁就能准确无误地辨明任何乐器上奏出的单音、双音、和弦的音名。从 1762 年起，在父亲的带领下，6 岁的莫扎特和 10 岁的姐姐安娜开始了漫游整个欧洲大陆的旅行演出。在奥地利国都维也纳，他们被皇帝请进王宫进行表演。莫扎特的主要创作领域是歌剧。他一生有 25 年在从事歌剧创作，共写了 20 余部。其中《费加罗的婚姻》《唐

璜》和《魔笛》最具代表性。

音乐"神童"莫扎特

　　有人概括道："在音乐史上有一个光明的时刻，所有的对立者都和解了，所有的紧张都消除了，那光明的时刻便是莫扎特。"半个世纪前，音乐大师们写道，在贝多芬、勃拉姆斯和瓦格纳的音乐中，有些写作方式和人们希望的不同，但在莫扎特身上则绝无此种情况。诺贝尔文学奖得主罗曼·罗兰如是说："他的音乐是生活的画像，但那是美化了的生活。旋律尽管是精神的反映，但它必须取悦于精神，而不伤及肉体或损害听觉。所以，在莫扎特那里，音乐是生活的和谐的表达。不仅他的歌剧，而且他所有的作品都是如此。他的音乐，无论看起来如何，总是指向心灵而非智力，并且始终在表达情感或激情，但绝无令人不快或唐突的激情"。

　　的确，你不可能不喜欢莫扎特的音乐。批评家们使用了所有的最高形容词：他令乐器歌唱，他有天使般的纯净，他表现了形式的完美。他的天才在当时便得到了承认，即使是他早期的音乐也被认为是迷人的、优雅的、新鲜的、明亮的、自由的。实际上，他的音乐在表达无边的哀伤，如《安魂曲》；或壮阔，如《魔笛》。莫扎特对此有清楚的表白，他说："激情，无论狂热与否，永远都不能在其达到令人不快的程度时表现；音乐即使在最可怕的情形之下，也绝不应刺激耳朵，而应取悦它，并始终保持是

音乐。"

　　莫扎特创作了许多出色的交响曲、钢琴协奏曲、奏鸣曲及室内乐，但他真正热爱的还是歌剧。他在 1782 年写道："歌剧于我，要先于任何其他东西。"他写了 18 或 20 部歌剧，其中 6 部在今天被认为是伟大中最伟大的，它们是《伊多梅尼奥》（1781 年）、《后宫诱逃》（1782 年）、《费加罗的婚礼》、《唐璜》（1787 年）、《女人心》（1790 年）、《魔笛》（1791 年）。

　　莫扎特在如此短暂的岁月中创造出令人难以置信的作品数量也应得到承认，这是他宏伟的个人作品。他创作了至少 41 首交响曲、26 首弦乐四重奏、10 首器乐五重奏、17 首钢琴奏鸣曲、42 首小提琴奏鸣曲、27 首钢琴协奏曲、40 首嬉游曲和小夜曲、19 首弥撒曲、42 首咏叹调，还有大量歌曲。仅 1788 年，他就创作了 3 首最伟大的交响曲，著名的管弦乐《小夜曲》以及举世无双的《竖笛与弦乐的五重奏》。

莫扎特的童年和青年

　　莫扎特 1756 年生于萨尔兹堡，当时隶属于巴伐利亚，现在在奥地利西部。萨尔兹堡有一个大主教，它是神圣罗马帝国几乎独立的一个部分，也是一个艺术中心。莫扎特的父亲利奥波德是作曲家，大主教乐团中优秀的小提琴手，一名音乐教师和理论家，也是一个虚荣的家长。在他的指导下，莫扎特 4 岁开始弹钢琴，6 岁已是熟练的音乐家，随后被领着游历欧

洲。1762 年 6 岁时莫扎特访问维也纳，1763 年访问巴黎，1764 年访问伦敦，1769 年 13 岁时访问意大利。

在罗马时，这个孩子在听过两遍一首九声部宗教作品后，凭记忆写下了全部总谱。他是出色的钢琴家，可视谱演奏协奏曲，能即兴演奏。从 6 岁起开始作曲，他 8 岁时写下第一首交响曲，11 岁写下第一首清唱剧，12 岁写下第一部歌剧，14 岁时他指挥了该歌剧的 12 场演出。教皇给他授勋，玛丽亚·泰蕾莎皇后注意到了他。莫扎特在 1773 年听了海顿的弦乐四重奏后，同年首次写出自己的 6 首，时年 17 岁。

1771 年，15 岁的莫扎特担任萨尔兹堡大主教手下一个微不足道的职位，并持续了 10 年，除有几次暂时离开的旅行。在这些年间，莫扎特开始综合德国和意大利音乐，创造出自己的音乐。意大利音乐乃娱乐取向，德国音乐旨在表达。整体而言，意大利音乐轻浮，德国音乐严肃；意大利人以歌剧和清唱剧的形式走向声乐，德国人则趋于器乐，其自然的形式为交响曲和奏鸣曲；意大利天然的音乐结构是主音音乐（单旋律加和弦），德国则是复音音乐（多声部旋律）；意大利人希望通过旋律令人陶醉和愉悦，德国人则意在展示复调的科学。

◎ 门德尔松

门德尔松（1809—1847 年），德国作曲家、指挥家。1809 年，门德尔松出生于汉堡一个犹太家庭。祖父是哲学家摩西·门德尔松，父亲是成功的银行家，门德尔松从小在养尊处优又有文化修养的环境中成长。母亲是钢琴家，他的钢琴启蒙课就是母亲教的。

门德尔松

门德尔松是钢琴神童，9 岁就开始公开演奏，10 岁时就为《诗篇》谱曲，14 岁组织自己的私人乐队，16 岁发表第一首杰作《弦乐八重奏》，17 岁时完成了《仲夏夜之梦》序曲。20 岁时他通过指挥《马太受难曲》在巴赫去世后的首次公开演出来宣传巴赫的作品。

1829 年，门德尔松赴英国指挥伦敦爱乐乐队。在苏格兰度假后，以《赫布里底群岛》序曲和《苏格兰交响曲》表现他的观感。在罗马与柏辽

兹邂逅，开始酝酿《意大利交响曲》。1833 年，门德尔松返回德国，完成《意大利交响曲》并在杜塞尔多夫就任音乐总监。1835 年，他成为莱比锡著名的布业大厅音乐会的指挥，1842 年与舒曼等人创办莱比锡音乐学院。1846 年，门德尔松在伯明翰音乐节上指挥清唱剧《以利亚》，取得辉煌成功。

"钢琴神童" 门德尔松

　　门德尔松是继莫扎特之后最完美的曲式大师，古典主义的传统与浪漫主义的志趣在他作品中完美地结合在一起，赋予作品以一种诗意的典雅。他善于将美妙的旋律纳入正规的古典曲式，他不仅是一位热情歌颂自然的诗人，还是一位善于用虚无缥缈画笔的风景画家，他的音乐被称为"描绘性浪漫主义"。

　　门德尔松作为作曲家、指挥家和钢琴演奏家的才华得到了玛利·比戈、路德维希·贝格尔、莫舍莱斯等钢琴老师的鼓励。他在短暂的一生中创作了大量的各种体裁的音乐作品，作品的风格温柔舒适、优美恬静、完整严谨，极少矛盾冲突、富于诗意幻想，反映出他生活上的安定富足。他创作的《芬格尔山洞》《第一钢琴协奏曲》《无词歌》《意大利交响曲》《苏格兰交响曲》等都是著名的作品。

门德尔松最早"成熟"作品——《仲夏夜之梦》序曲和《赫布里底群岛》，展现出他的精湛的技巧和独特的旋律风格，标志着标题性或描写性音乐会序曲创作史中的一个重要阶段。在后来的作品中他的视野大为扩展（涉及交响曲、协奏曲、清唱剧、合唱音乐、室内乐、钢琴曲、管风琴奏鸣曲、歌曲），但在"技巧"或表情方面却未见有多大的进展。

门德尔松的很多音乐作品所共有的精练、美妙与和声上的规规矩矩，在《以利亚》的伯明翰首演中达到登峰造极的境地，为维多利亚中期的音乐趣味定下了规范。他的钢琴独奏《无词歌》是一些精致的小品，柔媚之极，以致使人无法一首又一首地连续聆听，但其中充满令人悦意的创新。他为《马太受难曲》所作的那次著名的演出大大推动了巴赫音乐的复兴。而自从他指挥布业大厅乐队后，他的盛名开始蒸蒸日上，管弦乐演奏也因他的指挥而确立了新标准。

门德尔松的主要作品有交响曲《颂赞歌》《苏格兰交响曲》《意大利交响曲》《宗教改革交响曲》；序曲《仲夏夜之梦》《赫布里底群岛》《平静的大海和幸福的航行》《美丽的梅露西娜传奇》和《吕伊·布拉斯》；钢琴协奏曲《G小调》《D小调》《降A大调》《E大调》；清唱剧《圣保罗》《以利亚》《耶稣基督》《颂赞歌》；歌剧《卡马秋的婚礼》《儿子与陌路人》《洛雷利》《安提戈涅》《第一个瓦尔普吉斯之夜》《阿塔利亚》《俄狄浦斯在科洛纳斯》等。

门德尔松在创作上首创了"无词歌"这种高雅纯净形式短小的音乐，它是一种在伴奏音型的衬托下旋律如歌的钢琴小品，其特征与歌曲非常接近，能像日记一样把日常感受记录下来。他对标题交响乐作出了重要贡

献，创作了著名的《仲夏夜之梦》序曲等作品，把浪漫主义与古典主义的特点交织在一起，音乐既含有古典主义的逻辑性，又带有浪漫主义的幻想性。他创作的《E 小调小提琴协奏曲》具有华丽的技巧与甜美的旋律，表现出生活中明朗的一面，是举世公认的精品。

在音乐的启蒙运动上，门德尔松使人们遗忘了几乎一百多年的作品——巴赫的《马太受难曲》重放光芒，这是音乐史上的最重大事件之一，从此人们开始重新认识巴赫。在音乐教育上，他创办了德国第一所音乐学院——莱比锡音乐学院，为近代的过音乐教育的发展打下了坚实的基础。

门德尔松为莎士比亚的喜剧《仲夏夜之梦》共写过两部音乐作品，一部是在 1826 年作者 17 岁那年所作的钢琴四手联弹《仲夏夜之梦》序曲，次年改编成管弦乐曲，被称为是音乐为史上第一部浪漫主义标题性音乐会序曲；另一部是 1843 年为《仲夏夜之梦》所写的戏剧配乐，其中的序曲就选用了当年的序曲。

《仲夏夜之梦》序曲是门德尔松的代表作，它曲调明快、欢乐，是作者幸福生活、开朗情绪的写照。曲中展现了神话般的幻想、大自然的神秘色彩和诗情画意。在虚无缥缈的短引子之后，音乐进入小提琴顿音奏出的轻盈灵巧的第一主题，描绘了小精灵在朦胧的月光下嬉游的舞蹈。随后出现的第二主题欢乐而愉快，有管弦乐齐奏伴随着雄壮的号角，呈现出粗犷有力的舞蹈音乐，并立即转入热情激动而温顺的恋人主题，曲调朴素动人。经过多次音乐的发展变化，乐队又奏出了舞蹈性的新主题，具有幽默、谐谑的特征。

　　《仲夏夜之梦》序曲充满了一个 17 岁的年轻人流露出的青春活力和清新气息，又体现了同龄人难以掌握的技巧和卓越的音乐表现力，充分表现出作曲家的创作风格及独特才华，是门德尔松创作历程中的一个里程碑。

◎ 德彪西

　　德彪西（1862—1918 年），法
国作曲家，音乐评论家。1873 年入
巴黎音乐院，在十余年的学习中一
直是才华出众的学生，并以大合唱
《浪子》获罗马奖。后与以马拉美
为首的诗人与画家的小团体很接
近，以他们的诗歌为歌词写作了不
少声乐曲，并根据马拉美的同名诗
歌创作了管弦乐序曲《牧神午后》，
还根据比利时诗人梅特林克的同名
戏剧创作了歌剧《佩利亚斯与梅丽
桑德》。德彪西摆脱瓦格纳歌剧的
影响，创造了具有独特个性的表现
手法。

德彪西

　　钢琴创作贯穿了德彪西的一生，早期的《阿拉伯斯克》《贝加摩组曲》
接近浪漫主义风格；《版画》《欢乐岛》《意象集》和《二十四首前奏曲》
则是印象主义的精品。管弦乐曲《夜曲》《大海》《伊贝利亚》中都有不

少生动的篇章。

第一次世界大战期间，德彪西写过一些对遭受苦难的人民寄予同情的作品。在三十余年的创作生涯里，形成了一种被称为"印象主义"的音乐风格，对欧美各国的音乐产生了深远的影响。

印象主义音乐家

1881 年，德彪西首次访问俄罗斯。他的歌剧巴利斯和马利山特风格与他的所有前辈不同。1894 年，《牧神午后》带给他音乐方面首次成功，之后还创作了很多著名作品，例如《儿童世界》，交响诗《大海》《李尔王》等。

世人总是称德彪西为印象派作曲家，但是他本人对此说法却非常愤怒。印象派画家所要捕捉的是光影感觉，而德彪西尝试以音乐捕捉事物的印象或情绪，而且要用最经济的方式把某个念头的正确本质凝塑下来。德彪西可说是一位革命性的音乐家，他创新和声与旋律，在他的音乐中，色彩、音色与节奏的重要性绝对不亚于和声与旋律。德彪西的乐曲几乎都有标题，但并不表示他有意创作标题音乐，他的音乐只是暗示人们某种意象，而不明白的指出。

德彪西早年相当崇拜瓦格纳，但在萨替的影响下这股狂热很快就消逝，他自称为"法兰西作曲家"，意义在表达反瓦格纳立场，到了第一次

世界大战时更进一步表明反德意志。他将法国固有的清新可爱、高贵典雅与德意志的冗长繁琐、厚重笨拙相比较，他认为：法国子民将精致与色彩视为掌上明珠，所以法国音乐家若以堆砌响度为能事就不是法兰西风格了。

德彪西从小就具有高尚的品位，是天生的叛逆者，从小就有满脑子的疑惑，往往对长辈提出一些令人尴尬问题，而自己却不以为意。在音乐院学习时他也对老师提出诸多挑战，令法朗克、纪罗等音乐家七窍生烟，火冒三丈。德彪西是个很难相处的人，朋友极少，说得上来的只有萨替与皮耶勒威。他对私生活极端保密，男女关系错综复杂、风波不断。

德彪西最感兴趣的音乐是穆索斯基与爪哇的甘美朗音乐。对过去的音乐家一个也看不上眼，而且还批评的很难听。德彪西相信，音乐因其本性使然，绝不可能被局限于传统与固定形式窠臼中，音乐是颜色与韵律的组合。德彪西拥有得天独厚的灵敏双耳，能创造出正确的音乐色彩，这种能力是天生的，无法用后天的训练培养。德彪西穷其毕生精力要将钢琴从电光石火声音中释放出来，弹琴时就像直接在琴弦上挑抹，未曾经过琴键与琴槌干预，大量运用踏板创造出前所未有效果，从他指尖流泻出来的音韵简直就是一首首清澄优美的诗歌。

德彪西于1873年入巴黎音乐学院，在十余年的学习中他一直是才华出众的学生。在音乐学院，他用心修炼作曲课程，却是学校中出名的叛徒。他从来不信服古典派一些不合理的作曲规则，总喜欢追求新的和声法与奇特的旋律，以致学院派的老师们常常对他的标新立异深表不满而加以斥责。1884年，德彪西以清唱剧《浪子》获得"罗马大奖"。

除了作曲、教学外，德彪西也从事音乐评论的工作。由于他的评论立

场中肯，言辞锋利，相当受人尊敬。由于那时巴黎美术界的发展正值巅峰状态，雷诺瓦、莫奈、塞尚等画家十分活跃，当时莫奈完成一幅名为《日出·印象》的画而名噪一时，这便是印象主义、印象派等艺术形式用语产生的开端。再加上文学作品都以标榜"印象主义"为题材，德彪西遂将其理论应用到作品中，成为印象主义的创始人与完成者。

生前的最后十年，是德彪西艺术巅峰的时期，他经常在欧洲各国演奏与指挥自己的作品。至50岁起，德彪西被癌症所困，身体日渐衰弱。当第一次大战爆发时，德彪西于1918年被炮弹炸死，享年56岁。

德彪西的主要作品有管弦乐曲《春》《牧神午后前奏曲》《夜曲》《大海》《意象》，室内乐《弦乐四重奏》《大提琴奏鸣曲》《长笛、中提琴和竖琴奏鸣曲》《小提琴奏曲》，钢琴曲《贝加莫组曲》《钢琴曲》《版画》《意象》《儿童园地》《前奏曲》《白与黑》，合唱作品《浪子》《中选的小姐》《圣塞巴斯蒂安之殉难》，歌剧《佩利亚斯与梅丽桑德》等。

◎ 李斯特

李斯特（1811—1886 年），匈
牙利作曲家、钢琴家、指挥家和音
乐活动家，浪漫主义音乐的主要代
表人物，1811 年 10 月 22 日生于匈
牙利雷定。李斯特的父亲是匈牙利
人，母亲是奥地利的日耳曼族人。
六岁起李斯特开始学习音乐，不久
移居维也纳。1823 年，李斯特来到
巴黎，受雨果、拉马丁、夏多布里
昂等浪漫主义文艺家的影响，向往
资产阶级革命。

李斯特

在音乐上，李斯特主张标题音
乐，首创了交响诗体裁。1848 年担任了魏玛宫廷乐长。李斯特受帕格尼尼
的影响，创作了 19 首《匈牙利狂想曲》和 12 首钢琴练习曲以及超技练习
曲。树立了与学院风气、市民习气相对立的新浪漫主义原则。李斯特创作
的 19 首钢琴曲《匈牙利狂想曲》，在他的钢琴作品中占有特殊重要的地
位。这些作品以匈牙利和匈牙利吉普赛人的民歌和民间舞曲为基础，进行

艺术加工和发展而成的，因而都具有鲜明的民族色彩。

李斯特是最早把匈牙利民族音提高到世界水平的民族音乐家。李斯特创造了交响诗的形式，他一共创作了 13 首交响诗。李斯特最重要的作品是《浮士德交响曲》《但丁交响曲》《匈牙利狂想曲》，交响诗《前奏曲》《马捷帕》《B 小调钢琴奏鸣曲》和《旅行岁月》。1886 年 7 月 31 日，李斯特因肺炎逝世。

超凡入圣的音乐家

作为一钢琴大师，李斯特在音乐史上是占有一席牢固地位的。他把音乐带给仰慕他的群众，他同时也是指挥、评论家、城市音乐指挥和其他十几位艺术家的慷慨支持者（特别是瓦格纳）。他开创了演奏钢琴的现代技巧，在钢琴作曲的和声与曲式方面是个开路先锋。在管弦乐方面，他的伟大创新是交响诗。

钢琴大师李斯特对音乐发挥的最大影响并不是透过钢琴，而是通过他发明（或接近于发明）交响诗，他改变了整个欧洲浪漫主义管弦乐的方向。"这一光辉和丰富的创造，使他最有资格流芳百世。"以前对交响诗下的定义是建立在图像、文学或其他"非音乐"思想上的一首管弦乐曲。交响曲是由三四个互不相关的乐章组成，交响诗不同，它是自成一体的单乐

章作品，一种自由的乐式，以不同方式联系在一起的思想，自由地贯穿其中。

和"纯"音乐不同，交响诗需要一个"标题"，它试图说一个故事或描述一个实况。它使很多 19 世纪的作曲家有机会以不同于古典时期的海顿、贝多芬和莫扎特或巴洛克时期的亨德尔和巴赫的音乐方式进行创作。

李斯特写了 13 首交响诗，其中最著名的为《前奏曲》《塔索》和《玛捷帕》。有些交响诗具有民族主义倾向，受匈牙利的李斯特的影响，遵循这一模式的作曲家有捷克斯洛伐克的斯美塔纳、俄国的鲍罗丁、法国的圣桑、芬兰的西贝柳斯和英国的沃恩·威廉斯。李斯特采取的另一种做法是汲取文学源泉，从雨果、歌德、席勒、拉马丁和莎士比亚的作品中寻找音乐题材。遵循这种文学模式的作曲家包括俄国的柴可夫斯基和法国的圣桑和弗朗克。

在管弦乐方面，李斯特写了两首钢琴和管弦乐协奏曲，以《降 E 大调第一号钢琴协奏曲》最著名。他还创作了两首篇幅浩大的交响曲。虽然从发展交响诗的形式方面来看，这的确是李斯特对音乐的主要贡献，然而他最优秀的作品却是钢琴曲。

李斯特最著名的钢琴作品是他的 19 首《匈牙利狂想曲》，全部完成于 1846—1885 年间。其中最有名的是第二号。这些作品也都充满了由李斯特加以改编和发展了的正统的匈牙利吉普赛旋律，而且都包括了他自己的吉普赛风格旋律。速度上则都是快节奏和慢节奏交替进行。

李斯特还写了一首极受欢迎的《b 小调钢琴奏鸣曲》以及三首《爱之梦》。他的钢琴作品还包括《巡礼之年》（含有《即兴圆舞曲》《随想圆舞

曲》《帕格尼尼大练习曲》《靡菲斯特圆舞曲》）和《超技练习曲》）等。

李斯特对后世影响深远的一个原因是他活得很久，而且终生都毫无保留地鼓励其他艺术家。

"未来音乐" 的灵魂

李斯特于 1811 年出生于匈牙利，柏辽兹于 1803 年生于法国，瓦格纳于 1813 年生于德国。排行榜七位早期浪漫派音乐家中，这三位大作曲家是当时强有力的叛逆领袖——而他们占去了一个世纪的大部分时期。他们是瓦格纳所说的"未来音乐"的灵魂。虽然他们的才华有极大不同，但对现代管弦乐的形成贡献良多。

李斯特是个激进派，一个实验家。他植根于过去，但是据专家们说，他对探索新方向无所畏惧。他促进事物的诞生，抓住贝多芬、舒伯特、舒曼和门德尔松的东西，推动瓦格纳，并为德彪西和德彪西以后的现代主义作准备。他不害怕不协和和弦，以吉普赛音阶为基础的一些作品，奠定了20 世纪无调性音乐的基础。人们一致认为，就独创性而言，李斯特稍逊于色彩绚丽的柏辽兹，但在思想强度上却远远超过了他。

19 世纪具有影响力的维也纳评论家汉斯利克是勃拉姆斯"纯"音乐的支持者，却是李斯特和瓦格纳的猛烈抨击者。李斯特最受欢迎的歌曲之

——《它一定奇妙无比》，在谈到它被人喜爱的程度时，李斯特说："维也纳的每一个人都在唱它——甚至汉斯利克太太。"李斯特粉碎了社会堡垒，他使表演艺术家登上了不同的社会台阶。

李斯特来自一个安适的家庭。他父亲是匈牙利雷丁埃斯泰尔哈吉家族的管家，是个优秀的业余音乐家，而李斯特很早就在家里学钢琴。友好的贵族们对他很感兴趣，他被认为才华出众，到维也纳上学，后在巴黎受训练，14岁即以神童姿态周游欧洲。16岁时就开始一连串风流韵事，终其一生。

钢琴家中的"帕格尼尼"

1848年李斯特被任命为魏玛大公的乐长，这个职务他一直担任了10年。在这个位置上，他对有才华的作曲家提供的鼓励，也许比音乐史上任何大师都还要多，因此也使魏玛成为欧洲的音乐中心。这段时期他转向宗教活动，成为一名神父，即使在这种情况，李斯特还是能持续谈情说爱。他的一生充满矛盾：他既有很多亲密朋友，同时又很孤独；他既喜欢女人，又对宗教信仰虔诚；他既爱匈牙利，又爱巴黎。

李斯特除了是个演奏大师、作曲家、公众英雄和乐曲改编者外，他也酷爱阅读文学作品，他曾写道："整整两个星期，我的头脑和手指像两个

发狂的精灵，不断地工作着——荷马、《圣经》、柏拉图、洛克、拜伦、雨果、拉马丁、夏多布里昂、贝多芬、巴赫、胡麦尔、莫扎特、韦伯都在我身边。我研究他们，思考他们，疯狂地看和听他们。除此之外，我还练习四五个小时……啊，如果我不变成个疯子，你就会看到我是个艺术家！是的，你所希望的那样的艺术家"。

◎ 约翰·施特劳斯

约翰·施特劳斯（1825—1899年），奥地利著名的作曲家、指挥家、小提琴家，施特劳斯家族的杰出代表。约翰·施特劳斯出生在风行跳舞的维也纳一个音乐世家家庭。1844 年，他组成了自己的乐队，演奏本人和父亲的作品。1855—1865 年，约翰·施特劳斯应邀在圣彼得堡指挥夏季音乐会达十年。1863—1870 年，约翰·施特劳斯任皇室宫廷舞会指挥，后从事轻歌剧的创作。他的两位弟弟约瑟夫·施特劳斯和爱德华·施特劳斯也是著名的音乐家。

约翰·施特劳斯

约翰·施特劳斯是整个家族中成就最大，名望最高的一位，他把华尔兹这种原本只属于农民的舞曲形式提升为了哈布斯堡宫廷中的一项高尚娱乐形式。其创作以《蓝色多瑙河》《维也纳森林的故事》《艺术家的生活》

《春之声》和《安娜波尔卡》等一百二十余首维也纳圆舞曲著称，被后人冠以"圆舞曲之王"的头衔，其父亲老约翰·施特劳斯被人们称之为"圆舞曲之父"。约翰·施特劳斯的圆舞曲旋律酣畅，柔美动听，是每年维也纳新年音乐会的主要曲目。他的其他作品还有《雷鸣电闪波尔卡》《蝙蝠》《罗马狂欢节》《阿里巴巴与四十大盗》《吉卜赛男爵》等。

"圆舞曲之王"

约翰·施特劳斯于 1825 年 10 月 25 日出生在维也纳。他的父亲希望他将来成为一个银行家而不是一个音乐家。尽管如此，他还是从小暗地里学习小提琴。讽刺的是，他的小提琴老师正是他父亲的管弦乐队的首席小提琴手弗朗茨·阿蒙。然而，他的父亲还是在一天发现小约翰把时间"浪费"在了音乐上。老约翰认为作为音乐家的生活太严酷了，不希望儿子以后也与他一样过这样的生活。最后，在小约翰 17 岁那年，老约翰与他的情妇埃米莉·特兰布施离家出走。这样，小约翰能够专心从事他所热爱的音乐事业了。

儿子的音乐才能使得施特劳斯感到大为不安，他禁绝了孩子一切的音乐活动。可是母亲安娜却为孩子在音乐上的早熟而感到骄傲，她悄悄地记下了孩子的处女作。也许从那一天起，她就开始在设想一个向她丈夫报复

的计划了。她从菲薄的家庭生活费中省出钱来请教师，给儿子上音乐课，指望小约翰有朝一日能向他父亲挑战。

小施特劳斯进入音乐界一事，他父亲并非感到完全出乎意料之外。好多年前，老施特劳斯偶尔回家，看到儿子正在练习小提琴，竟蛮横地用鞭子狠狠地打了他一顿。从那以后，老施特劳斯就一直对儿子忌疑重重，深感烦恼。他让他的经纪人赫希传言警告维也纳城内各大舞厅，倘若有谁接受小施特劳斯在彼处演出的话，那么圆舞曲之王本人就将从那家舞厅绝迹。小施特劳斯被各大舞厅拒之于门外，只好到城郊的一家咖啡馆的花园里去举行露天音乐会。

好事者将小施特劳斯乐队排练的消息传给了他的父亲。盛怒之下，老施特劳斯宣布在那同一天晚上他也将举行一场音乐会。但到后来，他得知自己的音乐会票在黑市上还不如他儿子那边的票吃香，则又取消了举行音乐会的计划。老施特劳斯狂怒不已，终于病倒了。忠心的赫希深为圆舞曲之王的健康担忧，居然想出了一个富有戏剧性的计划。他组织了一些人准备去小施特劳斯的音乐会捣乱。演出的那天到了，人们早早地出城，向郊外的咖啡馆蜂拥而去。一大群没有买到票的人聚集在场外，急不可待地吵着要挤进去，以致地方当局只得出动骑警把咖啡馆围了起来。在花园后边的拱廊里，坐着安娜·施特劳斯，她似乎是在为儿子祈祷。和他父亲在巴黎的首场音乐会一样，小施特劳斯这天的第一个节目也是法国作曲家奥柏的一首歌剧序曲，这似乎是遵循一种家庭的传统。小约翰并没有为听众稀稀落落的掌声而感到沮丧，他知道人们来这里是将他当作一位作曲家而和他父亲相比较的。

接下来演奏的是他创作的一支圆舞曲——《母亲的心》，这是小施特劳斯献给他妈妈的一曲颂歌。美妙的乐曲使得听众欣喜若狂，压倒会场的掌声淹没了赫希那一伙人的嘘声。人们爬上椅子，挥舞着帽子、披巾、手绢，掌声、喝彩声经久不息。而另一支圆舞曲《理性的诗篇》，在如痴似醉的听众们一再要求之下，竟然反复演奏了十几次之多，这真是亘古未有的事。

使帮手们困惑不解的是，连赫希也兴高采烈地鼓掌欢呼起来了。诚然，赫希是老施特劳斯的朋友，而且还与之有着经济上的利害关系，但是他更忠实于音乐艺术，对于任何真正的艺术家，他不能不表示衷心的欢迎。最后，在成功的喜悦之中，小施特劳斯神采奕奕、容光焕发地示意，请大家安静下来，乐队重又奏起柔和的乐章。当轻柔的乐声在夜空中回荡时，听众们面面相觑，简直不相信自己的耳朵了。这不是老施特劳斯最负盛名的那首圆舞曲《莱茵河畔的迷人歌声》吗？在这首乐曲的抒情部分，小施特劳斯又加入了这么一种柔情蜜意……随着乐曲的展开，听众逐渐明白了这段插曲的深意。小施特劳斯演奏他父亲的这部作品不仅是作为子女对父辈的敬意，也是作为一种祈求，请求他父亲的宽恕。这使听众们不由得热泪盈眶，甚至男人也不例外。

在动荡的岁月里1848年3月，维也纳爆发了革命。与整个城市一样，施特劳斯家也分成了两派。老施特劳斯站在保皇党一边，小施特劳斯则站到了起义者一边。然而，具有讽刺意味的是，他们父子俩谁也没有什么坚定的政治信念。父亲成了保皇党不过是因为过去常在御前演出；而他儿子的立场不过是出于对他一些朋友的同情，这些年轻人只是希望赶走独揽大

权的首相梅特涅，而让哈普斯堡王朝回来实行宪政。

在那些动乱的日子里，父子俩都挂上了军乐团作曲家兼指挥的职衔。为了鼓舞保皇党分子的士气，老施特劳斯写了好些轻快的军队进行曲，其中最著名的是《拉德茨基进行曲》。但是小施特劳斯的作品则赋有革命的标题，如《自由进行曲》《学生进行曲》《街垒之歌》等。维也纳的起义最终失败了。但富有戏剧性的是，小施特劳斯受到了人民的欢迎；而老施特劳斯却就此一蹶不振了，很多人对他支持保皇党表示愤慨。在绝望中，老施特劳斯带着他的乐团离开了维也纳，去寻找昔日公众对他的那种崇拜。可是，这一希望也成了泡影。在布拉格、慕尼黑、海德堡，到处都遭到了人们的反对，甚至还收到威胁和责骂他的信件。

施特劳斯重返维也纳的时候，政治气氛已经大大缓和了，人们对老施特劳斯已不再怀恨，他的音乐会依然受到人们的欢迎。但是老施特劳斯却时常显得心烦意乱、茫然若失。在这以后几个月里，他一直是郁郁寡欢，离群索居，他那种致力于音乐事业的坚韧、热情、活力，那种迷人的灵感、生气，似乎一下都消失了。1849 年 9 月 25 日，老施特劳斯被猩红热夺去了生命。当他儿子闻讯赶来时，却发现父亲赤裸的尸体已从一张空无一物的光床上掉到了地板上。箱柜抽屉均被洗劫一空，艾米丽已把所有能拿走的东西——甚至连死者身上穿着的睡衣和床上的被褥——全部席卷而去。

两天以后，老施特劳斯的灵柩被抬到了庄严的圣斯蒂芬大教堂。整个维也纳有十万人来为他送葬，各处钟楼上几百口大钟齐鸣，哀声在空中不住地回荡。在送丧的最后一程，施特劳斯乐团的成员们把他的灵柩从四匹

黑马牵引的灵车上移下来，抬上肩膀，一直送到卡伦堡多勃林教堂的墓地。当年，作为一个立志要成为音乐家的少年，他从书籍装订作坊逃到此地，就是躺在这一片芳草如茵的山坡地上。

在世界上所有的圆舞曲里，《蓝色的多瑙河》可以说是最有代表性的杰作。小施特劳斯创作这首世界名曲的灵感来自于一篇描写爱情的诗歌，其中有一句"多瑙河，美丽的蓝色多瑙河"。诗句那流畅的音节使他受到了强烈的感染。当时，小施特劳斯正在为维也纳男声合唱团创作一首声乐曲，他就将"蓝色多瑙河"作为那首男声合唱曲的标题，而且把它化入了乐曲的序奏之中，使人们在乐曲一开始就能联想起这条汩汩奔流的大河。

1899 年 5 月奥地利传统的圣母升天节那天，特别安排了一场《蝙蝠》的演出，这是小施特劳斯在歌剧领域中极负盛名的一部代表作。74 岁高龄的小施特劳斯亲自指挥歌剧的序曲部分。他以青年人的那种活力，不顾大汗淋漓，一心投入到音乐中去了。演出之后，他没有坐马车，而是从歌剧院步行回家，他要放松一下这愉快演出的劳顿，想领略一下这怡人的春天气息。5 月的维也纳，紫丁香、金合欢的芳馨四处洋溢，大街两旁的七叶树开满了白色的花儿。小施特劳斯漫步在这绿树荫下，"蝙蝠"的乐曲声仿佛仍在他的耳边回响……可这却是他最后一次漫步街上了。第二天，他发烧了，高烧一直不退。医生告诉阿黛尔，小施特劳斯是得了双叶肺炎。开始几天，他披上厚厚的罩袍，一面打着寒噤，仍然伏案为他的第一部芭蕾舞曲"灰姑娘"谱曲。尽管高烧益甚，咳嗽不止，他也还是坚持下去。最后，他终于卧床不起了。6 月 1 日，小施特劳斯已经昏迷不醒，开始说胡话了。阿黛尔讲述了最后的情景："……突然，他从床上坐了起来，痛

苦地喘息着，一边轻轻地哼起了一支歌，这是一支古老的歌曲。透过他那苍白的嘴唇，传来了轻柔的歌声：'小朋友，我的小朋友，现在我们只得分手了……无论艳阳多么明媚，终也有下山的时候……'"6月3日早上，他拉起我的手连连亲吻，可没有说出一句话来，到了下午4点15分，他躺在我的怀里安然而逝了。"

◎ 柏辽兹

柏辽兹（1803—1869 年），法
国作曲家，法国浪漫乐派的主要代
表人物。1803 年 12 月 11 日生于法
国伊泽尔省，1869 年 3 月 8 日在巴
黎逝世。柏辽兹小时家住乡下，农
村的生活给他留下深刻而难忘的印
象。他自幼并未受过专业音乐教
育，只是喜爱吹笛子和弹奏六弦
琴。柏辽兹最早接触的是教堂音
乐。1821 年遵从父命去巴黎学医，
最后以与家庭脱离关系为代价，毅
然考进巴黎音乐学院。

柏辽兹

在柏辽兹身上反映了法国资产阶级、小资产阶级革命性衰颓时期的精
神面貌。柏辽兹作品的主导方面是他对民主、自由的追求、对幸福的向往
和对革命的炽热感情。他的作品常流露出对丑恶现实的不满、怀疑以及对
黑暗的揭露和讽刺。从 1842 年开始，柏辽兹长期旅居欧洲各国。生致力于
标题音乐创作，并创造"固定乐思"的创作手法。

柏辽兹的音乐作品有《幻想交响曲》《葬礼与凯旋交响曲》《罗马狂欢节序曲》《李尔王序曲》《海盗序曲》，歌剧《本维努托·切里尼》《阿尔瑟斯特》《特洛伊人》，传奇剧《浮士德的沉沦》等。所著的音乐著作有《配器法》《管弦乐队之夜》《音乐的怪诞》《回忆录》等。

法国作曲家柏辽兹

柏辽兹是法国最伟大的作曲家，最优美的法国交响曲作曲家，第一个真正的法国浪漫派音乐家，也是浪漫主义激进派的一个独立领袖。他也是现代管弦乐的教父，浪漫派音乐——文学的典范，是标题音乐（讲故事的音乐）的早期王子。除此之外，他还自封为贝多芬的继承人，也是超群的指挥者。最重要的，他还是个脾气暴躁的打破陈规者和革新家。

柏辽兹生于伊泽尔，这是日内瓦西南法国的一个山区。他的父亲是一个殷实的医生，教柏辽兹拉丁文，使他对《埃涅阿斯纪》的作者维吉尔发生兴趣。他父亲给了他一支长笛，一把吉他，让他去上钢琴课。青年柏辽兹喜欢长笛而且吹奏得相当熟练，但钢琴却弹得不太好，这对于一个浪漫主义作曲家来说有些出人意外。

音乐界人士对柏辽兹的自传半信半疑。有位作家说这部作品不足以信，因为柏辽兹有说谎的艺术本能，这使他善于说故事。从他叙述自己对音乐的反应中可以看出这种夸大的言谈："当我听到某段乐曲时，我的生

命力似乎顿时倍增。我感到一种没有理智掺杂其中的无比愉快；然后分析的习惯使我产生了赞赏；随同作曲家思想的力量和伟大而增长的情绪，很快在血液循环中产生一种奇怪的激动；眼泪通常表明情感突发的结束，往往只表示它的一种进行状态，导致更为激烈的某种东西。在这种情况下我肌肉痉挛抽搐、四肢颤动、手脚完全麻木、视觉和听觉神经部分麻痹，我看不见了，几乎听不见，眩晕……几乎昏厥过去。"

如果你相信这些，很可能就会上了类似"廉价湖滨别墅"的当。虽然他在青年时期尝试作曲，但家中计划要他像父亲一样从医，18 岁时他被送往巴黎学习。他后来说，他的时间都花费在"可怕的尸体和迷人的跳舞中了"。尽管这样，他的选择显然还是音乐。他的家庭感到害怕，经济上也无力负担，但他仍然进入巴黎音乐院。后来他教音乐课，在一个教堂合唱队里唱歌，并到处演奏乐曲挣些钱。1825 年他设法举行了一场他的《庄严弥撒曲》的教堂演奏会。一家报纸评论道："这位充满激情的年轻作曲家更重视的是他自己的灵感，而不是复调和赋格的狭隘规则。"

他的艺术生涯在 1830 年 27 岁时有了突破，这一年他得到罗马大奖，获得一笔奖学金和在该城生活与工作的机会。然而，他的主要收入来自为报刊撰写音乐著述：批评、评论和文章。他的许多著作与他自己的作品有关，因为他企图竭力争取能够了解和欣赏其激进作品的听众。随着岁月的流逝，他被承认也许是他那时代最伟大的音乐评论家，也是一个熟练的指挥，但当他在世时并不被认为是一位杰出的作曲家。

在他的晚年，柏辽兹在欧洲各国首都指挥他的乐曲，同时继续靠评论那些相对来说无足轻重的其他作曲家的音乐为生。他最后 7 年间没有创作过任何作品。有时人们说有 3 个人代表了浪漫主义的精髓：作家雨果、画

家德拉克洛瓦和柏辽兹。柏辽兹早期就是个实验者，这不足为奇，因为在他出生时，非凡的贝多芬和伟大的海顿都还活着而且风华正茂。事实上，贝多芬不仅活到柏辽兹二十三四岁时，而且直到临终时也在忙于创作。对于那些仰望着巨大人物的作曲家来说，进行反叛是件很容易的事情，他们的选择就是要在他们的拿手戏上战胜他们，或是找寻一个尚未被占领的新的游戏场地。

像100年后另一个不墨守成规的音乐艺术家一样，柏辽兹想按自己的方式来做。把他列入最出类拔萃一类的是俄国的穆索尔斯基，他写道："在诗歌中有两个巨人：粗野的荷马和文雅的莎士比亚。在音乐中有两个巨人：思想家贝多芬和超级思想家柏辽兹。"极有威望的评论家纽曼关于他写道："所有现代的标题音乐作曲家都以他为基础——李斯特、理查·施特劳斯和柴可夫斯基。瓦格纳感受到他的影响，虽然他贬低这种影响。柏辽兹说：'我在贝多芬丢掉它的地方把音乐拾起来。'这话指明了他的立场。他是改造了现代艺术的那种对音乐和诗意进行解释的真正创始人。"

直到第二次世界大战之后，柏辽兹的音乐才为广大音乐界所重新发现——甚至可以说是如此。早些时候，即使在先锋派中，拥有听众、受到注意以及有众多弟子的是瓦格纳，而不是自行其是的柏辽兹。瓦格纳赞赏他，1860年，这位德国作曲家公开说只有3位活着的作曲家值得重视：他本人、李斯特和柏辽兹。但是经过一百年左右，柏辽兹及其不落俗套的音乐才受到了赞赏。

在瓦格纳自传中，泰勒指出，瓦格纳也许嫉妒柏辽兹在配器法方面技高一筹，也许因为柏辽兹和他一样是个不合时宜者，并且跟音乐机构同样积怨很深而感到不安。泰勒接着说："两人都反对崇拜偶像，对他们的同

时代人来说都是捣蛋鬼；两人都喜爱歌德，以他的《浮士德》为蓝本创作作品，对莎士比亚充满热情；虽然两人都积极指挥自己和其他作曲家的作品，但他们都不是乐器演奏家。特别是两人都是一种只可意会不可言传的特点，像是未经琢磨的钻石。"

柏辽兹没有把他的交响曲编号，他的交响曲叫作《幻想》《哈罗德在意大利》《罗密欧与朱丽叶》。热情迸发的《幻想交响曲》是1830年他26岁时的作品，是他最著名的作品。他最后一部重要作品是根据莎士比亚的《无事生非》创作的歌剧《贝丽叶采与本尼迪克》，音乐界人士认为这部作品不如他早先的好。像舒伯特和其他人一样，他在生前并没有被认为是个超级作曲家，他死时孤独绝望，正像他的回忆录中说的："我既未留下希望，也未留下幻想或崇高的思想。我的儿子几乎不在我身边，我孤独一人。我对人的愚蠢与卑鄙的蔑视和对他们可耻的残暴的憎恨已到了无以复加的程度。我每小时都在对死神说'你想来就来吧'。他为何迟迟不来？"

他为《幻想交响曲》写的标题计划，其中一部分是："一个年轻音乐家，具有病态的敏感和炽热的想象力，在一阵失恋的绝望心情下抽鸦片烟自杀。药力太弱未能致他于死，他陷入一阵昏睡和奇怪的幻景中。他的感觉、感情和记忆在他生病的脑子里都变成了音乐形象和思想。他的情人对他来说成了一首旋律，一个时时萦绕在他身边反复出现的主题。"

音乐学家纽曼认为："所有柏辽兹的音乐，无论是描绘一幅场景或是心理探索（在后一领域他取得了某些奇妙的成就），都具有一种有分寸的客观性特点，这和北方神秘的欣喜若狂恰成对比。这是按事物的面貌来观察事物，而不是像人们自以为的用推测和空想来补充肉眼的证据。"

1845年柏辽兹同意在里昂举行一次音乐会。他在写给音乐会主办人的

信里提出了他的要求：“我想在里昂举行一次音乐会，但我们得做出非比寻常的事：提高票价，在邻近各城镇都贴上海报，而且在罗纳河与索恩河的所有汽艇上都贴上海报，我们就可以有 9000—10000 法郎的收入。如果说这是空想，那这件事就算吹了；如果只是取得一般的效果，那不值得惊动里昂的整个音乐界。此外，我对排练已经感到厌烦，在马赛这种操练军士似的生活已经让我精疲力竭得一塌糊涂。”

作为一个革新者，柏辽兹配器法的运用是前无古人的。一位 20 世纪的大师曾指出，在柏辽兹之前，作曲家使用乐器以便使它们发出自己的声音，而柏辽兹则把乐器的音和色彩加以混合，使之产生新的结果。评论家说他敢于独树一帜，他蔑视习俗，很大胆——事实上，他是音乐史上最富独创性的人物之一，而且不停地寻找文学素材，将它们转变成音乐。

有很多例子说明他的文学兴趣很广泛，从他接触维吉尔开始。序曲《威弗利》和《罗布·罗伊》取材自司科特，戏剧传说《浮士德的天谴》取材自歌德，标题交响曲《哈罗德在意大利》和序曲《海盗》取材自拜伦，序曲《李尔王》、戏剧交响曲《罗密欧与朱丽叶》和歌剧《贝丽叶采与本尼迪克》取材自莎士比亚，歌剧《特洛伊人》取材自维吉尔。他 1837 年写的《安魂曲》和 1849 年写的《感恩赞》，都被编成巨型器乐演奏会的总谱。

柏辽兹是个独创大师，不是完美大师。这么多年来，一如排行榜上大多数作曲家，柏辽兹的名声有起有落，但从没有人怀疑过他的独创性。

◎ 韦 伯

韦伯(1786—1826年),德国作曲家、钢琴演奏家、指挥家、音乐评论家。韦伯出身于音乐家庭,14岁就写了不少作品。1804年,韦伯任布雷斯劳的歌剧指挥,1807年在斯图加特任符腾堡公爵的秘书,1810年重新投入音乐活动。1813—1816年,韦伯领导布拉格歌剧院工作。

韦 伯

韦伯的早期歌剧作品,如《森林少女》《彼得·施莫尔和他的邻居》和《西尔瓦纳》等孕育着浪漫主义倾向,其歌剧中最具有代表性的是《魔弹射手》,被认为是具有浪漫主义特征的德国民族歌剧的诞生,《魔弹射手》使韦伯获得了巨大声誉。韦伯的最后一部歌剧《奥伯龙》是一部典型的浪漫传奇,其序曲是音乐会上经常演奏的曲目。他为钢琴和乐队而作的小协奏曲是具有浪漫派特点的新型协奏曲。他的钢琴曲《邀舞》具有华丽的技巧和管弦乐效果,著有自传小说《音乐家的生活》。1826年6月5日,韦伯在伦敦病逝。

最具德国特色的人

　　瓦格纳称韦伯为"德国作曲家中最具德国特色的人"。罗西尼说，韦伯的歌剧杰作使他痛心。韦伯留下的作品不多，而且大多不令人感到遗憾。韦伯是瓦格纳的主要先驱，他是第一位德国浪漫主义作曲家、德国浪漫主义歌剧的奠基人、巡回演出的杰出钢琴家、器乐作品的早期天才和首批最优秀的"独裁"指挥之一。

　　韦伯还是一名精于石印的巧匠，是莫扎特妻子的表兄弟。韦伯只活了39 岁，1826 年去世，比贝多芬早一年，比舒伯特早两年，而瓦格纳、舒曼、门德尔松、肖邦、李斯特和威尔第当时都只有十余岁。

　　有两位德国作曲家代表 19 世纪的德国歌剧：瓦格纳，他是"乐剧"的英才和创始人，独树一帜；还有就是韦伯，他是瓦格纳的先驱。韦伯写出了罗西尼提到的著名的民间歌剧《魔弹射手》，时年 34 岁，该剧的巨大成功足以将欧洲注意力的焦点从意大利歌剧转向德国歌剧。

　　韦伯作品中上演最多的要数由名叫《邀舞》的钢琴曲改编而成的管弦乐曲，它由数种优雅的圆舞曲曲调混合而成，写于1819 年，而柏辽兹（主要管弦乐作曲家之一）22 年后将它改编成一首正式的管弦乐曲。但是韦伯和格鲁克以及可能还有蒙特威尔第等一二位作曲家一样，他的列入排

行榜主要原因不是因为音乐本身，而是他对音乐发展作出的历史贡献。就蒙特威尔第、格鲁克和韦伯而言，这种贡献就是歌剧。

德国浪漫主义歌剧奠基人

法国历史上最优秀的作曲家柏辽兹（当之无愧的造反者）这样谈到《魔弹射手》："在搜索新旧学派的过程中，难以寻觅到像《魔弹射手》这样无可指责的乐谱，因为它自始至终扣人心弦。它的悦耳声调以各种不同的形式使人备感清新，它的韵律更加打动人心，它在和声方面的创造更具多样性，更具震撼力，它对合唱声部和乐器的使用举重若轻，显得精神饱满，情感含蓄，温文尔雅。从序曲的开始直到最后合唱的最后一个和弦，使我无法找出任何我认为可省略或修改的小节。全剧闪耀着智慧、想象力和天才的光芒。它焕发出的力量使人目眩，但一种充足而又适度的敏感性使其减弱，为听众披上了一层柔和的面纱。"

音乐界人士强调他作为德国浪漫主义歌剧奠基人的历史重要性，他以德国民间歌曲和舞曲的音韵填充他的乐谱，而且找到了使用德国背景和风景的歌词。德国歌剧（有别于意大利歌剧）随着《魔弹射手》而具有固定的风格，韦伯为瓦格纳打下了基础。历史学家们指出，他属于使用主导动机的首批作曲家之一，这种技巧成了瓦格纳的基本工具之一。他比早先的

作曲家更多地将朗诵加入歌剧的结构，而且比前人更多地用管弦乐曲突出气氛和增加戏剧效果，他因此为人称颂。

1823年，韦伯36岁，约在贝多芬去世前四年左右，他前往巴登。他在给妻子的信中写道，"此行的目的是求见贝多芬。（他）热情地接待了我，令我感动。他衷心地拥抱了我六七次，最后极其热情地叫喊道：'哈，你这家伙，多棒！'我们极其高兴和愉快地在一起用餐。这性格粗暴、不好相处的人待我好极了，就像待他的情人那样……简而言之，这一天将永远留在我的心中，任何在场的人都会这样。音乐界的泰斗这样热情款待我，使我高兴得不能自已。他的耳聋令人沮丧，人们不得不把要对他说的话写下来。"

韦伯作为钢琴家、作曲家和指挥家，完成了他的主要使命：使德国音乐摆脱了意大利歌剧的主宰。他于格鲁克去世的前一年诞生，这位德国作曲家对歌剧进行了改革，但他是用意大利文和法文写作的。除了《魔弹射手》外，韦伯的歌剧包括《欧丽安特》和《奥伯龙》。

韦伯与《魔弹射手》

韦伯生于奥登堡的奥伊达城，父亲是一个旅行剧团的提琴手，他恨不得将音乐灌注到儿子的脑子里。韦伯自幼学习钢琴，11岁时在海顿富有天才的弟弟米切尔之下学习。在慕尼黑学习期间，13岁的韦伯写了两部歌剧。其中的第二部搬上了舞台，但未成功，第三部遭到了同样的命运。在维也纳继续深造后，他找到了一份工作，在布勒斯劳担任歌剧指挥，但又未能如愿以偿。后来韦伯断断续续地从事指挥和作曲，直至在布拉格担任3年的歌剧指挥（时年27岁），然后前往德累斯顿指挥德国歌剧。不久受聘于德累斯顿，并终生在那里任职。

写作《魔弹射手》花了韦伯3年的时间，该剧于1821年在柏林首演。从历史上看，韦伯当时34岁，在意大利的罗西尼23岁时完成《塞维利亚的理发师》之后5年，完成《威廉·退尔》之前8年。韦伯在《魔弹射手》中的目标是以德国人的方式为德国人创造一部德国歌剧，换言之，产生一部德国的民族歌剧。

歌剧的情节取材于一个古老的传说，魔鬼用魔弹换取猎人的灵魂。魔鬼名叫札米尔，他把猎人卡斯帕尔掌握在手中。卡斯帕尔的唯一出路是找到一个替身，他将目标对准了年轻的马克斯，马克斯爱上了猎人首领库诺的女儿阿加特。在赢得阿加特的比赛中，马克斯求助于魔弹的支持打得很漂亮。魔鬼札米尔将最后一颗子弹对准阿加特，但是一个神圣的花圈使它偏向一侧，反而打死了卡斯帕尔。札米尔感到满意，马克斯承认使用了魔弹，他得到了宽恕，并被允许延后一年迎娶阿加特。歌剧结束时赞美上帝对心地纯洁的人们的宽恕。简单地说，这部歌剧讲的是一个面临失去女友的男孩转而求助于黑暗势力。他知道做错事，但诱惑他的人不知善恶，男孩由于忏悔而得救并因此被宽恕，由隐士作代表的上帝出面调停拯救了他，善恶不分之人必须付出代价。

歌剧的背景是一座波西米亚森林，除了鬼怪外，还有令人畏惧的狼谷、鹰的羽毛和一颗头骨、鹰的翅膀。在一个魔杓中放着诸如山猫眼睛等

吃食，以及教堂窗户的破碎玻璃。还相继出现振翅飞翔的鸟，一头黑熊，劈啪作响的鞭子，暴风雨声，马蹄声，猛烈的车轮声，雷声电光，一间荒野茅屋，倾盆大雨——最后是魔鬼扎米尔本人。

韦伯的另外两部成功的歌剧是1823年完成的《欧丽安特》和1826年创作的《奥伯龙》。《奥伯龙》在伦敦首演后2个月，韦伯去世。先是埋葬在伦敦，遗体18年后被掘出重新葬于德累斯顿，由瓦格纳主持下葬仪式，他为此写作了一首无伴奏的合唱，数年后在瓦格纳本人的葬礼上也使用了它。

◎ 亨德尔

亨德尔（1685—1759年），著名的英籍德国作曲家。生于德国哈勒，师从管风琴家查豪学习作曲。1703年，亨德尔迁居汉堡从事歌剧的创作，1717年定居英国，1726年加入英国籍，1751年不幸双目失明。亨德尔死于1759年4月14日复活节前一天的早晨，死后被安葬在威斯敏斯特大教堂，墓碑上刻着《弥赛亚》的一句："我知道我的救赎主活着"。

亨德尔

亨德尔一生共创作了《阿尔西那》《奥兰多》等46部歌剧，除5部外，其余均在伦敦创作。代表作有管弦乐曲《水上音乐》《焰火音乐》，清唱剧《弥赛亚》等，《弥赛亚》中的《哈里路亚》流传最为广泛。《弥赛亚》第一部分的《田园交响曲》，采用了意大利阿勃鲁齐山区风笛吹奏者的音乐。1742年4月，《弥赛亚》在都柏林的尼尔斯音乐会堂首次演出，

受到热烈欢迎，亨德尔还有一首古钢琴变奏曲《快乐的铁匠》。

音乐家亨德尔

贝多芬称亨德尔是"我们之中最伟大的"。"我们"不仅包括早期的维瓦尔第与帕莱斯特里纳，还有巴赫、莫扎特、海顿及贝多芬本人。亨德尔是音乐史上最具震撼力的人物之一。他也给予了公众所想要的——欢乐明亮的旋律、歌曲以及壮丽的圣咏音乐。像浪漫时期作曲家比才一样，亨德尔也因一部作品《弥赛亚》而声名远扬，它被认为是有史以来最伟大的神剧，也是一切音乐体裁中最著名的篇章之一。

亨德尔 1685 年生于萨克逊（德国）的哈勒，但他从 1712 年起一直住在英国，直到 1759 年去世，成为英国公民，死后被葬在（应他的要求）西敏寺。直至今日，观光导游们也都宣称他是英国人，指出他在教堂诗人区的纪念碑和墓地旁也有一块石板，上面刻着《弥赛亚》的部分乐谱。他在英国的音乐史上占据了一百年或更长时间的统治地位。

亨德尔起初在他的出生地哈勒任管风琴家，1703 年在汉堡成为歌剧管弦乐团的成员，随后花 3 年时间旅行，在汉诺威任乐长，在意大利学习意大利歌剧。1711 年首次访问英国，1712 年 27 岁时定居英国，一开始是歌剧作曲家。在歌剧领域，他不是蒙特威尔第、格鲁克或瓦格纳那样的改革者，而是那一时代的人，涉足于他所发现的现成形式，使之充满他有能力

创造出的美。

《弥赛亚》是最伟大的神剧，而亨德尔是创作圣咏音乐的永恒大师。《弥赛亚》产生于 1742 年，属于亨德尔神剧创作的中期，在此之前的许多年间，他的声誉几乎完全建立在意大利风格的歌剧上，那时他已成为英国第一位的音乐家。如同那个时代的其他歌剧一样，亨德尔的歌剧在现代人听来显得夸张而不自然。

《弥赛亚》的内容虽然依据基督的降临、受难、被钉死在十字架及复生，但它的本意却不是一首教堂或宗教作品，而是花 25 天时间为爱尔兰都柏林的总督写成并作为"消遣"。这件"消遣"作品作为一首宗教作品，却比巴赫神圣的《b 小调弥撒曲》或《马太受难曲》，帕莱斯特里纳的弥撒曲或包括莫扎特在内的任何一首安魂曲都要著名得多。

在完成《弥赛亚》第二部分《哈利路亚大合唱》之时，亨德尔曾对仆人说："我确实看到整个天堂呈现在我面前，还有伟大的上帝本人。"后来还提及："我想上帝拜访过我。"亨德尔的歌剧有《阿尔辛那》《亚历山大》《阿塔兰塔》《赫拉克勒斯》和《凯撒大帝》。

大师中的大师

贝多芬对亨德尔的天才高度赞扬，一次他评论道："亨德尔是所有大师中无可企及的大师，向他学习如何用不足的手段创造出巨大的效果吧。"

贝多芬在临终前不久，收到一套亨德尔的完整作品，他说："我早就想得到它们，因为亨德尔是最伟大、最坚实的作曲家，从他身上我仍然能够学到一些东西。把那些书拿给我！"还有："将来我要像我伟大的导师亨德尔那样创作。"

除神剧外，亨德尔最受尊敬的作品还有大协奏曲。六首大协奏曲出版于 1734 年，更为著名、评价更高的是 12 首大协奏曲。1729 年 10 月 29 日，《伦敦每日邮报》正式登出这些大协奏曲的广告："在国王陛下的许可和保护下，今天发表建议，以预订方式印行 12 首大协奏曲，7 个声部，4 把小提琴，1 把中提琴，1 把大提琴，用拨弦古钢琴演奏数字低音。亨德尔先生作曲。预约金额是 2 基尼，将于明年 4 月发行。"

亨德尔从意大利人那里借鉴了大协奏曲的形式，很欣赏其中的对比思想，即 2～4 件独奏乐器（如 2 把小提琴和 1 把大提琴）与主要是弦乐的乐团其余部分的对比。他的 12 首大协奏曲和巴赫著名的《勃兰登堡协奏曲》被认为是最精美的巴洛克协奏曲。NO. 1 的庄严，No. 3 的悲剧感，No. 6 中令人不安的感情，还有 No. 12 的安宁。还有 3 组管风琴协奏曲，对应于弦乐大协奏曲。其中 6 首以 Op. 4 出版，另外 6 首没有编号，还有 6 首以 Op. 7 出版。大部分的乐曲，有时都以拨弦古钢琴取代管风琴。除协奏曲之外，亨德尔两首著名的管弦乐作品是《皇家烟火》和生气勃勃、轻松愉快的《水上音乐》。《皇家烟火》作于 1749 年，《水上音乐》作于 1717 年。

音乐界充满了奇妙的故事，许多虽富于传奇色彩却非事实。亨德尔有一首著名的乐曲《快乐的铁匠》，实际上是他的《E 大调第五号拨弦古钢琴组曲》中的一个乐章。一个人们常常讲述的故事说，作曲家有一次在一

家铁匠铺躲避暴风雨，受到锤子击打铁砧声的启发，写下了这首乐曲。这件事显然是虚构的，事实似乎是英国巴斯城的一名铁匠酷爱音乐，常常歌唱，以至朋友们称他是"快乐的铁匠"。有一位善于渲染气氛的出版商便脱离组曲单独出版了这首乐曲，并冠以这个标题，此乐曲音调琅琅上口，易于歌唱。

◎ 弗朗克

弗朗克（1822—1890 年），法国音乐家，1822 年 12 月 10 日出生在今天比利时的列日。弗朗克的母亲是德裔，父亲是一名普通的银行职员。弗朗克八岁那年，父亲把他送到列日音乐学院学习，两年后他在唱名法比赛上荣获第一名。弗朗克的父亲看到儿子的音乐才华有被打造的可能，于是在 1835 年春天在列日、布鲁塞尔、和亚琛等地组织了一系列巡回演出。在父亲的管教下，弗朗克被迫写了很多舞会和沙龙音乐。

弗朗克

1835 年，弗朗克随家人迁往巴黎，1837 年 10 月被巴黎音乐学院录取，跟随教授勒波恩和齐莫尔曼学习对位法和钢琴。1851 到 1858 年间，弗朗克担任圣弗朗索瓦教堂的管风琴师。1870 年 9 月法国在色当战役中的惨败，产生了巨大震荡。在圣桑和弗朗克等人的倡导下，法国民族音

乐协会于1871年2月诞生，宗旨就是大力扶持年轻有为的法国作曲家，弘扬本国音乐文化，并推广纯粹音乐的创作，以对抗当时流行的歌剧创作热潮。

19世纪七八十年代是弗朗克创作力最旺盛的时期，交响诗、清唱剧、钢琴音乐、管风琴音乐等各种类型的作品接连不断。弗朗克的音乐风格植根于德奥古典传统，以交响音乐和室内乐等纯粹音乐形式的创作为主，融合了复调音乐写作手法和法国特有的浪漫气息。其创作最主要的特点就是对循环曲式的运用，即主题经过不同的变化反复出现在各乐章中，贯穿整部作品。另一个特点就是在作品中频繁的转调，使得音乐的情绪变化多端，感情复杂细腻，时而明朗抒情，时而悲切惆怅，有着晚期浪漫主义的色彩斑斓。弗朗克生活清苦勤俭，有着"孩子般的灵魂"。

孩子般的音乐家

一位崇拜弗朗克的人在19世纪快要结束的时候写道："他作为另一个时代的人，在同时代的人当中脱颖而出。那些人嘲笑别人，而他是一位有信仰的人；他们夸耀自己，而他却默默地工作；他们寻找荣誉，而他却让荣誉寻找他……他们什么事情都做得出来，包括让步、妥协、甚至做坏事，而他忠诚地执行他的使命，不计较付出的代价，从而留给我们一个行

为正直的崇高榜样。"这种赞誉表明，他是一个朴实和谦虚的人。

弗朗克是一位教师，并在巴黎圣科罗蒂德都堂中担任管风琴手近30年之久。说话尖刻的德彪西谈论到弗朗克时说："他是一个毫不欺诈的人。找到一个美好的旋律就足以使他整天快乐……这个人是不幸的和不为人所知的，他有一个孩子般的心灵。他的人品那么好，因此充满矛盾的环境或是别人的邪恶行为，都不能使他感到痛苦。"

尽管有这些赞誉，弗朗克在他的有生之年是最不受人赞扬的作曲家之一，只是作为一个管风琴手和教师而受到不少赞扬。弗朗克在16岁的时候，参加了巴黎音乐学院钢琴比赛的决赛，他的表演使评审团为之倾倒。弗朗克生在比利时列日的一个古老家族，祖先有些是著名的画家。他的父亲是银行职员，对弗朗克和他的兄弟约瑟夫的音乐知识很欣赏。弗朗克修完了巴黎音乐学院的一部分课程后，他的父亲带他出去举行巡回表演，就像莫扎特的父亲所做那样。老弗朗克希望能有一位年轻的乐器演奏家，也希望能赚些钱，这些钱的一部分将供他儿子进一步学习音乐。

弗朗克没有能成为莫扎特，但是他确实回到音乐学院，后来成为那里的一位管风琴教授，以及圣科罗蒂德教堂的管风琴演奏家。安静地、大部分时间默默无闻地教书、演奏和作曲，这就是他的生活。他不能接受激情、紧张、精神上和情感上的冲突。他的音乐的特征是安详、平静和兄弟般的爱。弗朗克的目的是古典主义的架构内谱出浪漫主义的音乐，他的作品具有以管风琴为导向的风格，其特点是具有大量的即兴创作和悬殊的音色。他的另一个特色是采用变化的旋律以及经常和突然的转调。

弗朗克是排行榜上的第5位法国人，他以教学和重视器乐在19世纪后

期成为在法国有极大影响的音乐界人物。但是，如果他早五六年逝世的话，他就不大会被巴黎以外的音乐界看作是一位有声誉的作曲家。在排行榜上也有一些作曲家是大器晚成的，但在这方面，没有一个人比得上弗朗克。他在几种音乐形式方面各写了一首被认为是重要的作品，所有这些作品都是他一生中的很晚期才完成的。

《八福》是弗朗克著名的作品，是关于基督的登山宝训，这部神剧有 8 个部分，由独唱、合唱和管弦乐团演出，在 1879 年他 56 岁时写成。《f 小调钢琴五重奏》是他第一首重要的室内乐作品，也是在 1879 年写成的。《被诅咒的猎人》是在 1882 年写成的交响诗。《交响变奏曲》由钢琴和管弦乐团演奏，1885 年写成。《D 大调弦乐四重奏》是他在世时唯一获得成功的作品，1890 年写成。《A 大调小提琴奏鸣曲》是他最受欢迎的作品，1886 年写成。

弗朗克最有名的管风琴曲包括《5 音乐曲》《小品 44 首》《根据一首布列塔尼曲调写的奉献曲》和《管风琴师》。直到现在，弗朗克是许多刚入门的音乐欣赏者所不熟悉的名字之一，而且专家还争论他是否应该被称为一个"重要的"作曲家。作为一位教师，他是 19 世纪末在法国器乐方面最重要和最有影响力的人物，但是在他有生之年，音乐界并未承认他是有很大影响的作曲家。他在为法国交响乐派铺路方面，受到不少赞扬。

赞成弗朗克的人使用的词句是"纯洁""宁静""神秘主义"和"朴实的感人力量"；而反对他的人使用的词句是"令人厌烦""自我放纵"和"缺乏力量"。李斯特对弗朗克一生中类似罗德尼的那一面作了很好的

概括。他说："我认为，他缺乏敞开一切大门的那种对他有利的社交意识。"然而，弗朗克却有着比社交意识更好的东西，那就是爱护和尊敬他的学生。有位学生曾说他的老师是"光彩照人的天才，具有忠诚的心和强健的灵魂，他好像认识天使们似的"。

◎ 布鲁克纳

布鲁克纳（1842—1896 年），奥地利作曲家、管风琴家、浪漫乐派代表人物。1824 年生于林兹南面的安斯费尔登，是一位受过完整严格训练的作曲家及杰出的管风琴家，也是最虔诚的天主教徒。他是一位晚成的作曲家，主要的作品都是在 40 岁以后才开始创作。布鲁克纳个性古怪，因此在当时受到许多反对者的批评与误解，而他只是默默承受。布鲁克纳的音乐是怪异的，交响曲中通常只听到铜管声。

弗朗克

1842 年，布鲁克纳谱出《D 大调弥撒曲》，1855 年到维也纳进修，跟随西特尔学习对位法，1856 年被任命为林兹大堂与市区教堂的风琴师，这段期间创作了许多教会音乐。1864 年，布鲁克纳完成《d 小调弥撒》，1868 年完成《e 小调弥撒》《f 小调弥撒》，1872 年完成《第二号交响曲》，1874 年完成《第四号交响曲》，1878 年完成《第五号交响曲》，1883 年完

成《第七号交响曲》，1886 年完成《第八号交响曲》。1896 年，布鲁克纳在维也纳辛布伦馆去世。

管风琴家布鲁克纳

　　一个在高雅的维也纳独来独往的乡下人，一个服装向来不合身的低声下气的人，一个自豪地指挥自己珍视的交响曲以后屈辱惊愕地转身向着空荡荡的大厅的作曲家，一个天真到给成功地指挥他的一首交响曲的大指挥家小费的家伙，一个一生中很多时间被大多数公众所不理睬并受到许多评论家嘲笑的艺术家——布鲁克纳终于成名了。今天有些评论家对布鲁克纳的 19 世纪后期的交响曲所下的评语是"平和""深刻""宁静"和"崇高"。而他去世时以及其后许多年，更常见的评语则是"沉闷""浮夸""不平衡"和"次等之作"。

　　和马勒一样，布鲁克纳作为作曲家的名声主要是在过去几十年之间。但是马勒生前就被承认为世界第一指挥之一，而布鲁克纳生前却是失望接踵而至。像马勒一样，布鲁克纳主要是个交响曲作家，但马勒的另一个兴趣是歌曲，布鲁克纳的另一兴趣则是教堂合唱团作品。如果他没有接触到瓦格纳的音乐，他很可能全力集中在声乐上了。一旦受到瓦格纳的影响，他就转向交响管弦乐。他找到几个拥护者，一个是他维也纳的弟子，比他小 26 岁的马勒；另一个是瓦格纳，当时是全欧洲的作曲家，他称布鲁克纳

是唯一可与贝多芬相比的交响曲作曲家。

瓦格纳只比布鲁克纳大 11 岁，但音乐史家告诉我们——这位年轻人会默默崇敬地连续几小时凝视着年长者，最后才鼓足勇气去接近他。在听了瓦格纳的《帕西法尔》后，据说布鲁克纳跪在瓦格纳的面前，喃喃自语着："大师，我崇敬你。"布鲁克纳是个乡村教师的儿子，出生于奥地利安斯费尔登，13 岁进音乐学校，接受师长教育，后来在一座山村教书，21 岁时离开，回到母校担任教师，不久后就开始作曲。他的第一首重要作品是一首《d 小调安魂曲》。几年后他移居维也纳，把余生献给音乐。他在维也纳的林兹大教堂担任风琴师 12 年之久，最后成为维也纳音乐学院教授。

年轻时布鲁克纳写过两首未编号的交响曲，他的《第一号交响曲》和《第二号交响曲》并不常被演奏。献给瓦格纳的《d 小调第三号交响曲》是 1877 年在维也纳首演的，当时布鲁克纳已 53 岁；《降 E 大调第四号交响曲》"浪漫"有 1874、188 和 1886 年的 3 个版本；《降 B 大调第五号交响曲》作于 1875—1876 年；《A 大调第六号交响曲》作于 1881 年；《E 大调第七号交响曲》作于 1883 年；《c 小调第八号交响曲》作于 1887—1889 年；《d 小调第九号交响曲》作于 1891 年与 1896 年之间。如今最受欢迎的是布鲁克纳的《第四号交响曲》，这是第一首受到相当赞许的作品，因此对作曲家来说是首非常重要的作品，还有就是 10 年后写的《第八号交响曲》。那些年在维也纳的竞争十分激烈。瓦格纳正处于他的巅峰时期：1869 年上演了《莱茵的黄金》，1870 年是《女武神》，1876 年是《齐格弗里德》和《诸神的黄昏》。而在另外一个阵营里，勃拉姆斯的《第一号交响曲》1876 年首演，一年后是《第二号交响曲》，6 年后《第三号交响曲》，1885 年《第四号交响曲》。

布鲁克纳毫无矫揉造作，这已是人尽皆知的事。1881 年 2 月 20 日，即他完成《第四号交响曲》7 年之后，著名的李希特在维也纳的一次爱乐音乐会上指挥了它的首演式，后来，李希特讲述了这个故事："泰勒（一种钱币）是纪念我哭的那天的一个纪念物，我第一次指挥布鲁克纳一首交响曲的排练。那时布鲁克纳是个老人，他的作品几乎在各地都无人演出。交响曲演完后，布鲁克纳来到我身旁，他热情焕发，兴高采烈，我觉得他把什么东西放在我手里。'拿去，为我的健康去唱歌喝酒吧！'那是一个泰勒。"这个乡下人和世界著名指挥家的故事有一个愉快的结局。李希特不想冒犯作曲家，把那个钱币收着，后来把它系在表链上。

爱因斯坦是布鲁克纳的忠实支持者，他称布鲁克纳是"第一流的浪漫派"，并说："说他是浪漫派，因为他把纯音响作为他的交响曲的基础，因而在他的《第四号交响曲》中产生出最和谐的作品，这首作品几乎完全依赖音响的美。他也是个交响曲作者，作的 9 首交响曲与实际上植根于室内乐的勃拉姆斯的交响曲不同，再一次保留了真正交响曲不朽的高度。在他音乐表现的 4 个来源（巴赫、贝多芬、舒伯特、瓦格纳）中，舒伯特的源头在他的交响曲中肯定涌流得最为澎湃。他有同样主要旋律的源泉、同样宽广的曲式……他的交响曲再一次散发出一种宇宙的精神……这位朴实、粗野和'未受过教育'的音乐家不是一个大思想家，但却是敏感的伟人。他的内心挣扎过，他既经历过怀疑也经历过欢乐，即经历过失望也经历过狂喜，他有一种神力在富于发明和原始创造力的作品中表达出他所受过的痛苦。"这个故事在音乐文献中一再被引用，也许因为它提供了那个始终被描绘为朴实、笨拙、貌不惊人、虔诚、半是乡巴佬半是先知、农民出身的一幅缩影。他是个卓越的管风琴师，他是个教师，他天真、孤独、

敏感。

1875 年 1 月在维也纳写的一封信里，布鲁克纳谈到他的音乐、他的经济困难以及反瓦格纳的汉斯利克的古怪行为时说："我已写完《第四号交响曲》。我还大大改进了瓦格纳的《d 小调交响曲》。我只在音乐院授课，但无法维持生活。9 月份就已经去借钱了，如果不想挨饿，以后还得再借 700 福林（一种钱币）。没有人帮我忙……好在还有些外国人来听我讲课；不然，我就得沿街乞讨了。""再听我说几句：我希望所有主要钢琴教授能给我些课教，他们都答应了，但除了几堂理论课外，我什么也未得到……只要能找到维持生活的职务，我总想到国外去。我该去找谁？我的生命中失去一切欢乐愉快，徒劳无益，毫无所得……我该怎么办？"布鲁克纳写过一个乐章，一首"庄严与悲伤融合于一体"的葬礼进行曲，向瓦格纳致敬——不是怀念，因为瓦格纳还活着，然而仍然向他致意。他说："有次我回来感到非常悲伤。我自己想，大师不可能活多久了，于是柔板就浮现在我的脑海里。"

尽管遭到失败，布鲁克纳仍继续工作，因为在相当程度上他是个虔诚的信教者，他知道上帝期待他尽自己最大的努力。他曾说过："有那么一天，上帝把我召去问我：'我给你的才能到哪里去了？'那时我就把卷成一卷的《感恩赞》手稿交给他，我知道他是个富于同情心的审判官。"《感恩赞》只是他今天备受称赞的合唱作品之一，其他包括《e 小调弥撒曲》和《f 小调弥撒曲》。他还作了其他几首弥撒曲、一些经文歌、一首安魂曲和一些诗篇歌。

布鲁克纳去世时，他已是维也纳大学的荣誉博士，受到约瑟夫皇帝的褒奖。但是掌声却迟迟没有到来，在音乐史上很少有比他指挥自己的《第

三号交响曲》首演情况的故事更为悲惨的了。大多数听众（包括维也纳音乐院的一位院长）开口大笑，并中途退场，最后剩下十几个人。其中一个是马勒，他忠诚的弟子。作曲家转身等待鼓掌，相反却看到空荡的大厅，他感到震惊，令人心碎，泪水顺着脸颊滚下。他从少数几个支持者身旁走过，嘴里叫道："让我走。人们不想知道任何有关我的事情。"

◎ 勃拉姆斯

勃拉姆斯（1833—1897 年），德国作曲家，1833 年 5 月 7 日出生于德国汉堡的一个职业乐师的家庭里。勃拉姆斯的童年生活十分贫困，7 岁随父亲学钢琴，13 岁便在酒店里为舞会弹伴奏，在剧院帮助父亲演奏。与此同时，他还写了不少沙龙音乐作品，包括多种舞曲、进行曲和管弦乐曲改编曲等。勃拉姆斯一生中交游颇广，1853 年在魏玛被介绍给舒曼夫妇，得到赏识与支持。他的作品有《德意志安魂

勃拉姆斯

曲》《D 大调小提琴协奏曲》《匈牙利舞曲》《学院典礼序曲》及《摇篮曲》等。

1862 年，勃拉姆斯到维也纳。1876 年完成 C 小调第 1 交响曲，1877 年完成 D 大调第 2 交响曲，1883 年完成 F 大调第 3 交响曲，1885 年完成 E 小调第 4 交响曲。19 世纪 60 年代，勃拉姆斯定居维也纳，把当时欧洲的

这个音乐中心作为他的第二故乡。

勃拉姆斯是德国音乐史上最后一个有重大影响的古典作曲家，被视为19世纪浪漫主义音乐时期的"复古"者。他的作品兼有古典法和浪漫精神，极少采用标题，交响作品中模仿贝多芬的气势宏大，笔法工细，情绪变化多端，时有牧歌气息的流露。1897年4月3日，勃拉姆斯逝世于维也纳。

德国作曲家勃拉姆斯

过去的100年间，音乐评论界对勃拉姆斯的评价有很大的分歧：今天的半人半神，明天的不朽者，下个月可能是不够格的艺术家，接着又变成半人半神，但如今人们一致同意他是一位超级明星。他是最后一位伟大的浪漫主义者，同时也是本质上的古典主义者。面对过去，他崇拜贝多芬和巴赫。他相信常规的形式与结构，坚决反对瓦格纳和李斯特的反叛以及他们所称的"未来音乐"。有一位批评家称他是古典主义火焰的维护者。有两个词经常用在他身上：高贵和完整。他的音乐柔和、圆润、流畅。

勃拉姆斯创作丰富，他写下的许多乐曲在今天仍像一个世纪前那样广受欢迎。他创作了4首著名的交响曲。和舒曼一样，勃拉姆斯是德国歌曲作家舒伯特的直接继承者，作品大约二百首。他也是短小抒情的钢琴曲大师，与舒伯特、肖邦、李斯特、门德尔松、舒曼水准相当，但并非他所有的非交响性作品都很短小。他写了两首宏伟的钢琴协奏曲，一首极优秀的小提琴协奏曲，一首出色的小提琴与大提琴协奏曲。他是最伟大的浪漫时期室内乐作曲家，历史上只有极少人超过他——贝多芬是一个例外。他的室内乐杰作包括一首《a 小调弦乐四重奏》，一首《f 小调钢琴五重奏》，一首《b 小调竖笛五重奏》，钢琴三重奏以及钢琴与小提琴奏鸣曲。他的合唱作品《德意志安魂曲》，被公认为当时最伟大的新教音乐。

勃拉姆斯的《d 小调第一号钢琴协奏曲》在汉诺威的首演失败。几天后，在莱比锡第二次上演仍然失败。勃拉姆斯在一封谈到莱比锡演出的信中说："第一次排演在演奏者和观众中都没有激起任何感情，没有一个听众参加第二次演出，没有一个演奏者面带表情。晚上，听众对第一和第二乐章没有任何反应。终场时有三双手极其缓慢地拍动，但清晰无比的嘘声四起，阻止这样的表示……""失败对我毫无影响。无论如何，我只是在进行实验探索道路。但那些嘘声太过分了。"

勃拉姆斯没有写过歌剧，也从未涉足浪漫时期重要的标题音乐。如果早50年与贝多芬同时出生，他会更舒适一些——实际上，他也许更愿意这样，因为他在交响曲上成熟较晚，担心贝多芬的阴影会遮蔽他，直到音乐界接受了他"早期"的作品。有些人相信他是最有资格与贝多芬在交响曲的绝对地位上竞争的人——或者至少，他最好的作品应属于交响乐的荣誉殿堂。勃拉姆斯的《德意志安魂曲》——因母亲之死获得灵感而创作于1868 年的宏伟合唱作品，不是用拉丁文而是用德语写成，使他一举成名。接下来是他于 1876 年的《第一号交响曲》，1877 年的《第二号交响曲》，1878 年著名的《小提琴协奏曲》，1881 年的《降 B 大调钢琴协奏曲》，1883 年的《第三号交响曲》，1885 年的《第四号交响曲》，以及

1887 年的《小提琴与大提琴的二重协奏曲》。

勃拉姆斯 1833 年出生于汉堡，他的童年并不完美。他住在汉堡一个污秽的廉价出租公寓里，他的父母常常打架，他憎恨学校（特别是法语课），他受其他学生的欺侮。他的父亲在一个贫穷的乐团演奏低音提琴，但他教孩子学习钢琴。10 岁和 11 岁时的勃拉姆斯在水手们光顾的水滨酒吧里演出赚一点钱。汉堡仍然是汉堡，各种社会活动在室内进行，这与巴赫或莫扎特的童年有天壤之别。

勃拉姆斯在早年教一些钢琴课挣钱。15 岁时举办了一场独奏音乐会，然后试着作曲，接着以全部时间用来教钢琴谋生。1853 年，20 岁的他遇到了巡回演出的匈牙利小提琴家雷曼伊。这次会见引发了一连串事件，使他认识了小提琴家约阿西姆，还有李斯特与舒曼，并使他一夜成名。关于他和约阿西姆这位关键人物的相遇流传着各种故事。一个说法是雷曼伊把勃拉姆斯带到约阿西姆的住处，年轻人的钢琴演奏令著名艺术家留下了深刻印象。另一说法是勃拉姆斯为雷曼伊演奏贝多芬的《克罗采奏鸣曲》伴奏，坐在听众席上的约阿西姆为之心醉神迷。不论确切情形如何，总之约阿西姆赞赏他"宝石一样纯净，雪一般柔润"，为他写信引见魏玛的李斯特和杜塞多夫的舒曼。这位小提琴家及两位作曲家是德国以至整个欧洲三位重要的音乐界人士，和他们的关系对勃拉姆斯的一生产生了巨大的影响。

勃拉姆斯的确去魏玛拜访过李斯特，结局并不愉快，随后他又去杜塞多夫探望舒曼和他的妻子、钢琴演奏家克拉拉。他在那里为舒曼夫妇演奏，他们为他的作品所震撼。勃拉姆斯和他们在一起住了几个月，十分喜爱这对夫妇。离开后不久，听到抑郁的舒曼跳莱茵河自杀的消息（被救起

后，在精神病院度过了最后两年），立即赶去陪伴他们。以后的生命中，勃拉姆斯一直爱着克拉拉，和她长期通信联系。她比他年长 14 岁，他们从未结婚，我们不知道他们彼此之间有着怎样的一种爱情。勃拉姆斯实际上直到六十多岁仍未娶妻，尽管他的生活中还有别的女人。

和舒曼的关系，使巡回演出的年轻钢琴家兼作曲家迅速成名，比他无限崇拜的贝多芬成名时年轻得多，比他热爱的巴赫成名时则名气大得多。有一次他在给克拉拉的信中谈到巴赫："一个人靠小小的乐器的体系，创造出具有最深邃的思想与最强烈的情感的整个世界。"他的音乐柔和、高贵而古典，本人却是个粗鲁的家伙，不易相处、不修边幅、吝啬、自私、毫不妥协、易于动怒。他喜欢德沃夏克和格里格，尽力帮助他们；他对李斯特和瓦格纳的音乐无动于衷；对马勒、布鲁克纳、柴可夫斯基、威尔第及理查·施特劳斯毫不热情。他直言不讳自己的感情，传说有一次他在离开一群人时说："如果这里有任何一个我未曾侮辱过的人，那么我表示歉意。"毫无疑问，这种性格的人四处树敌。"勃拉姆斯永远不会成为最重要的明星。"一位批评家写道。另一位说勃拉姆斯的保护人对他"过分热情"。第三位说他"智力还不如一头羚羊"，还有人称他的作品是"用音乐聊天，毫无意义的废话"。马勒极为赞赏布鲁克纳，布鲁克纳十分欣赏瓦格纳，但却称勃拉姆斯是"一个心胸狭窄的木头"。

当勃拉姆斯的第一首交响曲出现于 1876 年时，布娄称之为《第十号交响曲》，暗示他和贝多芬平起平坐。批评家埃尔森在勃拉姆斯死后仅 18 年便写道："对勃拉姆斯的评价仍在提高，下一代人很可能会承认布娄将他与贝多芬相提并论，实际上是有道理的。在现代激进主义一片狂野的混沌之中，勃拉姆斯就像音乐中所有健全均衡的典范一样矗立着。如果其他

人不跟从他的领导，那是因为他们不具备他的天赋。"

这一时期维也纳分裂为两大派别：一派崇拜李斯特和瓦格纳，预言"未来的音乐"；另一派反对这一阵营及其音乐。尽管这场论战远比做出黑白分明的选择来得复杂，但其中蕴含的情绪是如此强烈，以至音乐界没有多少人能保持中立。而且，像常有的情形那样，伟人的支持者们往往比伟人更加言辞激烈，情绪狂热。勃拉姆斯让人很清楚地感受到他不是瓦格纳音乐的支持者，他十分蔑视那些跪下来崇拜他们的大师的狂热瓦格纳派。

门德尔松是 19 世纪浪漫时期第一阶段的保守浪漫主义者，勃拉姆斯则属于第二阶段。李斯特和瓦格纳从 19 世纪中跃居欧洲音乐界的风云人物，勃拉姆斯不是。他的一些同时代人是趋向 20 世纪的浪漫主义者，勃拉姆斯则是回顾古典时期的浪漫主义者。

勃拉姆斯趣闻轶事

（1）酒中贝多芬

勃拉姆斯有一次在法兰克福逗留时，酷爱艺术的银行家拉登堡邀请勃拉姆斯吃晚餐。勃拉姆斯接受了邀请。第二天晚上，主人高兴而又充满自豪地把勃拉姆斯迎进客厅。桌子上摆着许多葡萄酒。"亲爱的博士先生，"银行家说，"您的光临使我感到万分荣幸！为了这令人高兴的时刻，我从酒窖里拿出了最好的酒。请您品尝！这是我的葡萄酒中的勃拉姆斯！"

勃拉姆斯的目光从斟满了酒的酒杯转向银行家。然后端起酒杯，带着行家的表情品尝了一下。"不错！"他终于点了点头，"很好。不过，如果这是您酒中的勃拉姆斯，那么，您最好还是把贝多芬拿上来！"

（2）乐人相轻

柴可夫斯基在他1886年10月9日的日记上说："我演奏了勃拉姆斯的作品，这家伙毫无天分，眼看这样平凡的自大狂被人尊为天才，真教我忍无可忍。"有一次，勃拉姆斯和一位蹩脚的小提琴手同台演出，为了不使听众听见这位提琴手的琴声，勃拉姆斯大声地演奏。音乐会结束以后，那位小提琴手问勃拉姆斯："你为什么演奏的声音那样大？我无法听见我是如何拉小提琴的。"勃拉姆斯回答说："你是个幸运的人。"

◎ 威尔第

　　威尔第（1813—1901 年），19
世纪意大利歌剧复兴时期最具代表
性的歌剧作曲家，有"意大利革命
音乐大师"之称。1813 年 10 月 10
日，威尔第出生于意大利帕尔马的
隆高勒，他的父亲是旅馆的老板和
杂货商。父亲打发他到附近布塞托
一个鞋匠家去住，他在那里学习管
风琴，并在镇上管弦乐团工作。威
尔第曾报考米兰音乐学院未被录
取，后师从拉维尼亚学习作曲和配
器。后来开始写他的第一部歌剧
《博尼法乔伯爵奥贝尔托》。1842

威尔第

年，威尔第因歌剧《那布科》使他一跃而成为意大利第一流的作曲家。

　　威尔第的创作以民族民间音乐为渊源，借鉴外国先进经验，取得了丰
硕的成果。歌剧以题材的社会性、现实性，人物和环境的质朴真实，音
乐、戏剧的紧密结合，声乐歌唱的主导地位和变化丰富的动人旋律而著

称。他把意大利歌剧推向了一个新的历史高峰，为世界歌剧艺术作出了杰出的贡献。

19世纪50年代是威尔第创作的高峰时期，先后写出了《弄臣》《游吟诗人》《茶花女》《假面舞会》等七部歌剧，奠定了歌剧大师的地位。后应埃及总督之请，为苏伊士运河的通航典礼创作了《阿伊达》。威尔第的其他音乐作品还有《伦巴底人》《厄尔南尼》《阿尔济拉》《列尼亚诺战役》。

意大利革命音乐大师

音乐史上第一位能在今日国际乐坛享有令誉的作曲家，当属蒙特·威尔第。他是意大利作曲家，对歌剧、和声学、交响乐的发展都有深远影响，其歌剧被认为是历史上的第一批歌剧，包括《奥菲欧》《坦克雷与克罗伦达之战》《尤里西斯返乡记国》《波佩阿的加冕》。除歌剧以外他还写了超过250首牧歌、2套尊主颂以及其他很多声乐作品。

威尔第的音乐风味听起来与300年前曼多瓦或威尼斯爱乐者耳中所听到的实况，有了很大的差距，但是却又能永远契合于现代人的心灵。他的音乐听来激越、聪灵，富含人性，这是一种大胆的音乐。从许多方面来

看，威尔第的歌剧甚至比瓦格纳或普契尼的作品更符合现代人对歌剧的概念。出现于蒙特威尔第之前的音乐，甚少具有斐然的个人风味，唯独威尔第那强而有力、风味盎然，又能将心境表达淋漓的声音，赞颂着人生的喜怒哀乐。

早在 1584 年，威尔第就以短歌小调打破了旧传统的藩篱。当时意大利许多流行形式——诸如假面舞乐、芭蕾舞曲、田园牧歌、佛罗托拉歌曲，以及其他歌曲与舞曲形式，都能深深吸引着威尔第，牧歌尤其叫他废寝忘食。威尔第的牧歌情意盎然，技巧纷陈，自成一完美的音乐世界。他眼界开阔、历练丰富以后，开始改造作曲规则，以求适才适性，悠游于这些小品形式中而享有更大自由。

歌剧占去威尔第绝大部分时间，他的搭档是裴里欧·史卓希，这两人都对剧本和情节表现抱持坚定的理想。两人对文绉绉、典雅脱俗的语言同表鄙夷，只对角色的合理发展感兴趣。他们共同寻求音乐的真理，认为角色的本质要比一些不相干的音乐更具重要性，最重要的作品当属《奥菲欧》。其中糅合了牧歌的要素以及佛罗伦萨的单音观念。

1637 年之后，威尔第创作了两部歌剧《尤里西斯返乡记》及《波佩阿的加冕》。后者正中 20 世纪理论家的下怀，因为他要求的，正是剧中无论大小细节都必须服膺于简明的音乐性戏剧底下，把音乐与戏剧等量齐观。蒙特·威尔第的歌剧及莎士比亚的戏剧，同是 17 世纪前半叶的瑰宝。

蒙特·威尔第跨坐在文艺复兴与巴洛克时代交替的门槛上，然而"巴洛克盛期"乍到，又冲毁了这位伟大威尼斯作曲家所代表的乐派。蒙特·

威尔第是第一位能以其音乐力量打动现代听众的作曲高手。他一生共创作了 9 部牧歌集、21 首宗教牧歌、21 首三重唱、15 首三声部谐谑曲、10 首二声部谐谑曲、近百首宗教作品和几部绝对堪称精品的歌剧《奥菲欧》《波佩阿的加冕》等。

◎ 鲍罗丁

鲍罗丁（1833—1887 年），俄国作曲家，化学家，其从小由母亲带大，天资聪颖。1850 年，鲍罗丁进入彼得堡医药学院学习化学，1855 年毕业留校任教。三年后，25岁的鲍罗丁获得化学博士学位。1862 年，鲍罗丁结识了作曲家巴拉基列夫，对这位作曲家所倡导的发展俄罗斯民族音乐的主张十分赞赏，从此他便利用业余时间积极从事音乐创作，并加入了发展俄罗斯民族音乐的五人"强力集团"。1872—1887 年，鲍罗丁创办女子医科大学并任教。

鲍罗丁

在鲍罗丁的创作中，英雄性和史诗性是他作品中的主要内容。他的音乐民族性很强，有的作品还带有迷人的东方异国情调。在自己的音乐中，他努力表现和歌颂俄罗斯人民的生活与精神，歌颂俄罗斯古代英雄人物的

勇敢气概。在化学研究上，鲍罗丁最早制成苯甲酰氯，曾探索醛类缩合反应。由于鲍罗丁的专业是化学，因此作曲只能在业余时间里进行，他自称是"星期日作曲家"。

鲍罗丁写了一些声乐浪漫曲、钢琴小品和室内乐等。1862 年，鲍罗丁结识巴拉基列夫，成为新俄罗斯乐派（强力集团）的重要成员。他的代表作有体现古代俄罗斯宏伟历史画卷、抒发爱国主义精神的歌剧《伊戈尔王子》，奠定俄国史诗性交响乐体裁的第二交响曲《勇士》，富于俄罗斯风格和东方色彩的交响音画《在中亚细亚草原上》，声乐浪漫曲《为了遥远祖国的海岸》《睡公主》《幽暗森林之歌》《海王的公主》《海》《我的歌声中充满了恶意》等。

星期日作曲家

鲍罗丁是号称"五人强力集团"的业余音乐家的其中一位。这个集团早些时候以排名第 39 的穆索尔斯基为代表，后来是第 42 位的里姆斯基科萨科夫。鲍罗丁是一位职业科学家，而仅仅是一位在周末创作的作曲家。他的导师和教授有一次对他说："我指望你能继承我，但是你只想到音乐。你犯了一个错误，想要鱼与熊掌同时兼得。"

与剧院观众的数目相比，没有多少人知道鲍罗丁的《第二号弦乐四重奏》，那首流行歌曲《这是我所爱的》是公然从那首四重奏中抄袭出来的。

它大受欢迎，因此鲍罗丁在死后 67 年为此获得了东尼奖，他的大多数作品却流传了下来。"五人强力集团"全部是民族主义者，而他是第一位得到国际承认的俄国民族主义者。

鲍罗丁是能够掌握旋律的人，不仅在他的 11 首美好的歌曲中，而且在他谱写的每一首曲子中，都可以听到他的旋律，其中大部分反映了俄国东部的传统。像里姆斯基·科萨科夫一样，他也善于运用管弦乐的音色。部分原因是他像里姆斯基·科萨科夫一样，对于每种乐器的能力具有高深的知识。可是，他没有受过正式训练，经常需要"五人强力集团"其他人的帮助，才能完善和完成他的作品。他花了 20 年去写出使他成名的《伊戈尔王》。

鲍罗丁是格迪安尼舒里亲王和一位医生的妻子的私生子。根据习惯，给他取了亲王的一名农奴普尔菲里·鲍罗丁的名字。同时，根据习惯，他由一位女管家和私人教师抚养成长，以便和亲王的儿子的地位相称。音乐是在他早年就有的爱好，他和乐团演奏者相处并出席交响乐音乐会之后，在 9 岁时写了一首波尔卡舞曲，在 14 岁时写了一首协奏曲。但是，与他认为从事的科学研究相比，这只不过是逗趣和游戏之作。他是医学和外科学院的高材生，后来成为病理学的助教，取得了医学学位，到海德堡当化学研究生。他在那里遇到了钢琴家普罗托波波娃，他们后来结了婚，她分享了他对音乐的热爱。

鲍罗丁博士论文的题目是《砷和硫酸的类比》。柴可夫斯基指出，他认为鲍罗丁应当完全从事科学事业。鲍罗丁在回到圣彼得堡以后，当他成为"五人强力集团"的第五名成员时，他继续用一只手拿着实验室的燃烧器工作，用另一只手谱写音符。他在那些同事的影响下，在周末谱写音

乐，直到 1887 年，在一次狂欢节的舞蹈中，他由于动脉瘤破裂而逝世。

鲍罗丁的《在中亚细亚草原上》被称为"一首极完美的小曲"以及"他的双亲遗传的理想结合"。这位作曲家描述道："在中亚细亚草原上的静寂中，听到了一首平和的俄国歌曲的声音。从远方来的马和骆驼的声音越来越近，同时出现的是一首动人的东方旋律。在俄国士兵的护卫下，一支商队正穿过沙漠。由于有士兵的保护，这支商队信心十足地进行长途旅行。商队消失在遥远的地平线上。俄国歌曲和东方歌曲混合成为和谐的音调，直到两者都从平原上消失。"

那"平和的俄国歌曲"是用竖笛独奏的，弹拨琴弦是马和骆驼的脚步声。"动人的东方旋律"是用英国管奏出的。当士兵们出现的时候，用两支小号重新奏出那首俄国歌曲，而当他们走近时，整个乐团一齐演奏。其他乐器（竖笛、大提琴，接着是弦乐器）重新奏出那东方旋律。不久就听到俄国和东方的主题混合（俄国主题用小提琴和长笛奏出，东方主题用巴松管和小号奏出）。然后，它们消失了。

《天堂来客》是人人都熟悉的一首的曲名和音乐。要听《天堂来客》的话，就去听鲍罗丁的歌剧《伊戈尔王》，特别是其中《波罗维茨姑娘们的舞蹈》那一节，这部歌剧是在这位作曲家死后于 1890 年在圣彼得堡上演的。要听《这是我所爱的》，就放一下他的《D 大调第二号弦乐四重奏》，那是 1881 年写成的。要是想听鲍罗丁的更多作品片断，可以找百老汇音乐剧《克思麦特》中的悦耳曲调。

音乐学者都谈到鲍罗丁家里的混乱，有人说这是令人感到亲切的混乱。造成混乱的原因是他把 85% 的时间花在科学事业上，而把 40% 的时间花在音乐上。这两个数字加在一起超过 100%，这就产生了混乱。历史学

家利奥纳得德这样描述当时的情景："人们整天（在那公寓里）走来走去……当所有的床都睡满了人的时候，他们就睡在沙发上和地板上，或者在椅子上打盹，而且常常占用了鲍罗丁的床。那公寓通常是杂乱无章的废作堆。鲍罗丁夫妇在搬进去 5 年之后，仍然在一堆堆书籍和乐谱、没有收拾好的大箱子和衣箱之间穿行……"

"鲍罗丁老是记不得他是否吃过饭，因此，开饭时间很没有规律，晚饭经常直到夜里 11 点才开始吃。除了临时访谈、亲戚和半生不熟的客人以外，鲍罗丁夫妇还与一群猫分享三餐……那些猫在桌子上走来走去，跳到吃饭的人的背上，总之把鲍罗丁的家当作是猫类可以随意行动的地方。"同时扮演化学家、研究员、讲师、教授和作曲家是不容易的。鲍罗丁写道："在冬天，我只能在很不舒服、不能讲课的时候作曲。因此，我的一些朋友一反常规，从来不对我说：'我希望你身体好'，而是说：'我真希望你生病'。"

◎ 罗西尼

罗西尼（1792—1868年），意大利歌剧作曲家。1792年2月29日生于意大利的佩萨罗，成长在一个音乐家庭里。1810—1829年，是罗西尼创作的旺盛期。他的生活和主要创作活动处在欧洲封建复辟的年代，同时也是意大利民族运动兴起的时期。罗西尼的作品中交织着先进和消极两种倾向。一方面写了不少迎合宫廷贵族艺术趣味的歌剧，得到上流社会的赏识，自己也过起花天酒地的生活；另一方面客观反映了当时资产阶级的民主思想和民族意识。

罗西尼

罗西尼是19世纪上半叶意大利歌剧三杰之一，其中《塞尔维亚的理发师》是19世纪意大利喜剧的代表作。根据德国席勒的同名诗剧写成的歌剧《威廉·退尔》也是浪漫派歌剧名作，另外还有《摩西》，其生活描

写的生动性，人物性格刻画的鲜明性，戏剧情节发展的紧张性，旋律丰富，节奏敏捷，使罗西尼的歌剧充满了活力。罗西尼的优秀创作使传统的意大利正歌剧和喜歌剧重获新生。他在喜歌剧中掺入了正歌剧的因素，又在正歌剧中加进喜歌剧的生活气息。1858 年 11 月 13 日，罗西尼因病去世。

意大利歌剧三杰

罗西尼父亲为卢戈镇上的号手和屠宰场的检查员，母亲是喜歌剧演员。罗西尼出生在一个动荡的年代，4 岁时父亲因同情法国革命，拥护共和而在王政复辟时期被革职，并一度被逮捕入狱。母亲带着小罗西尼逃往博洛尼亚，在流动戏班中靠演唱为生。家庭的不幸遭遇和随之而来的拮据生活，使罗西尼对于封建统治和异国压迫有着切身感受，这对他日后的思想倾向和创作道路都有一定的影响。

罗西尼自幼爱好音乐，最初跟父亲学习吹号，后又学习了哈普西科德和歌唱，不久即在唱诗班中担任独唱，还常在剧场演奏哈普西科德。1806年，罗西尼入博洛尼亚音乐学校，学习歌唱、大提琴。但他对学校刻板繁琐的课程不感兴趣，却深为该校图书馆珍藏的总谱和手稿所吸引，潜心研究奇马罗萨、梅顿、莫扎特的作品。学生时期他创作了一些器乐曲和宗教音乐。1807 年，罗西尼写了他的第一部歌剧《德梅特里奥与波利比奥》。

1810 年毕业时，他的喜剧《婚约》上演。

1810—1815 年，罗西尼经常以作曲家兼指挥或歌手的身份参加流动戏班的演出，奔波于意大利各城市。为了谋生，罗西尼必须不断地创作新歌剧供戏班上演。结果，他在短短的 4 年内，竟写了 15 部歌剧。1813 年正歌剧《坦克雷迪》在威尼斯公演，受到欢迎，接着喜歌剧《意大利女郎在阿尔及尔》又获成功，从此名声大振。1815 年，罗西尼接受那不勒斯著名剧院经理巴尔巴亚的聘请，任那不勒斯歌剧院、圣卡罗剧院和丰多剧院的艺术指导。这一时期他创作了《土耳其人在意大利》《奥赛罗》以及堪与莫扎特的《费加罗的婚姻》相媲美的歌剧《塞维利亚的理发师》，此后又创作了《灰姑娘》《贼鹊》《摩西在埃及》《湖上夫人》《塞弥拉弥斯》等歌剧。

1822 年，罗西尼随意大利歌剧团到欧洲各国演出，备受欢迎。狂热的赞誉，优厚的报酬接踵而至，他从此过着富裕豪华的生活。1824 年，罗西尼受聘为巴黎意大利歌剧院的领导，后又被委任为皇家作曲家和歌唱监察。法国七月革命前夕，巴黎的自由民主思想日益高涨，罗西尼也受到强烈的感染，1829 年写出了他最后的一部杰作《威廉·退尔》。这位赫赫有名的多产作曲家在他创作成熟的盛年突然搁笔，其原因何在，至今仍是一个谜。1836 年罗西尼回到博洛尼亚，曾接受博洛尼亚音乐学院名誉院长的头衔。1848 年移居佛罗伦萨，1855 年重返巴黎定居。

18 世纪末，意大利歌剧面临衰落的危机，正歌剧变成了歌唱家们竞技的化妆音乐会，喜歌剧则蜕化为供王公贵族消遣的闹剧。在欧洲各国民族歌剧兴起的时刻，罗西尼以他鲜明的民族感情和爱国思想，在正歌剧和喜歌剧两个领域里都创作出优秀的作品，从而挽救了意大利歌剧的颓势，被

誉为意大利歌剧艺术的复兴者。在他那使人捧腹大笑的喜歌剧里，包含着机智的讽刺和揭露，透过爱情情节，曲折地反映了向往自自、反抗压迫的民主要求。他的一系列正歌剧描写的虽是历史人物，但都贯串着民族解放的思想，在当时曾引起广泛的共鸣。

《威廉·退尔》是罗西尼正歌剧中登峰造极的作品，它取材于席勒的同名剧，描写瑞士人民与奥国总督及士兵的冲突，热情歌颂了不畏强暴、勇于反抗的斗争精神。音乐简洁、朴实，其中还用了阿尔卑斯山区牧歌的音调，声乐曲调也减少了装饰和华彩，合唱在音乐和剧情的发展中都占有重要的地位。群众场面十分壮观，有些地方接近法国式的大歌剧，管弦乐比较丰富突出，序曲很出色，至今仍是音乐会上时常演奏的一首名曲。这部歌剧为 19 世纪西欧歌剧艺术提供了宝贵的创作经验。

罗西尼的成功还在于他具有无穷的曲调创作的才能，擅长以音乐刻画人物性格。早年的演出生活使他深知舞台艺术的奥秘，懂得如何抓住戏剧的舞台效果，使音乐和情节结合得巧妙自然。他的曲调优美，节奏明快，整个音乐生气益然。对于美声学派的风格和技巧，他了如指掌，也熟悉人声的特点，善于使他的音乐通过演唱获得极其良好的效果。他给朗诵调加上乐器伴奏，使人不感到枯燥；他重视管弦乐的作用，配器简洁、而富于色彩，又不影响声乐的发挥。他为演员写定装饰音和华彩段，在一定程度上维护了歌剧的完整性。他在喜歌剧中掺人了正歌剧的因素，又在正歌剧中加进喜歌剧的生活气息。这些改革在当时都使人耳目一新，对后世的歌剧创作产生了影响。

◎ 德沃夏克

德沃夏克（1841—1904 年），19 世纪捷克最伟大的作曲家之一，捷克民族乐派的主要代表人物。1841 年 9 月 8 日，德沃夏克诞生在捷克首都布拉格近郊的一个贫苦家庭里。13 岁时，他便沿袭父亲的道路，当了屠户学徒。16 岁时进入布拉格风琴学校学习，努力学习西欧古典主义和浪漫乐派作曲大师们的创作经验。德沃夏克是一位富有强烈民族感和热爱祖国民族艺术的音乐家，对捷克民族乐派的伟大创始人斯美塔那所倡导和致力发展的民族音乐文化由衷地赞赏和拥护。

德沃夏克

德沃夏克在自己一生的音乐创作中，始终把民族性这一重要因素放在首位，无论在歌剧、交响乐或室内乐作品中，他都努力将民族性、抒情性和欧洲古典音乐传统紧密结合起来，达到尽可能完美的境地。他在美国任

教期间，以美国黑人音乐为素材，创作了著名的《F 大调弦乐四重奏》和《新大陆交响曲》。

1892 年，德沃夏克来到美国，担任了布拉格音乐学院院长。德沃夏克一生的作品很多。其中最著名的有《e 小调第九交响曲》《b 小调大提琴协奏曲》《斯拉夫舞曲》《茨洛尼斯的钟声》《狂欢节序曲》《F 大调弦乐中重奏》和歌剧《水仙女》《国王与煤工》等。1904 年 5 月 1 日，德沃夏克在布拉格逝世。

成功者的奋斗历程

欧洲最著名的作曲家之一来到纽约音乐学院当教师了。他给美国他最丰富的音乐天资，美国则以它最好的东西回敬他，他就是波希米亚人德沃夏克。他的生活读起来像一部为成功而斗争的故事书。

德沃夏克生于 1841 年，在波希米亚的一个小村庄米尔豪森，他的父亲在那里当小客店的老板和卖肉的。他自己习卖并帮助养家，但是他想做一个音乐家。他的国家和民族的民间音乐已经与他血管里的血液一样，成为身体的一部分了。农民们不但在劳动时唱歌，他们往往在星期日做完礼拜后就开始唱歌和跳舞，而且不停地一直继续下去到第二天早晨。那里一共有四十多种波希米亚的民族舞蹈。

在波希米亚的学校里有音乐课，所以德沃夏克在 14 岁就已经学会唱

歌、弹风琴、钢琴和拉小提琴了。这时他参加了那个在假日为婚礼演奏的村庄管弦乐队，但他的父亲仍动员他放弃音乐。为了努力劝他的父亲改变主意，安东尼为村庄管乐队作了一首波尔卡舞曲。但是他不知道小号是移调乐器，因此那首波尔卡舞曲是一种可悲的失败，于是他就进了那个小客店兼卖肉的铺子。

德沃夏克是如此不愉快，以致一年结束时，他的父亲让他离开那儿到布拉格的一个琴学校去学习。他没有钱维持生活，只好每星期日到教堂去，平时则到一个旅馆去，在管弦乐队里演奏，他在这里学到了不同乐器的运用和如何使它们的韵律融在一起。除了教堂音乐和餐馆里的低劣的流行曲调之外，他很少有机会听别的东西。有时他用好话求一个交响乐队的定音鼓手让他蜷缩在一个鼓后面听一次音乐会，有一次他有机会花四分钱听《魔弹射手》，但他连四分钱也没有。

较好的日子来到了。在小小的波希米亚，正像在那些较大的国家里一样，也有全国的音乐运动，它的领袖是今天仍然流行的欢快歌剧《被出卖的新娘》的作曲家斯美塔那。他是国家歌剧院的指挥，因此德沃夏克在那管弦乐队里获得一个位置。斯美塔那对他很和善，把所有的伟大杰作的谱子都借给他，并鼓励他作曲。等他到美国的时候，他已经作为那些美妙的"斯拉夫舞曲"的作曲者而在全世界闻名了。

这位曾经热爱他自己国家的古老民间舞曲的德沃夏克，在美国期间一度喜欢起黑人和印第安人的音乐以及斯蒂芬·福斯特的简单歌曲，这类新的民间音乐了。德沃夏克的《幽默曲》就是以福斯特的《故乡的亲人》之同样伴奏和弦为基础的。德沃夏克并不是像他的风琴学校的老头们那样学究气十足，他除了教音乐的规则之外，还力图教它的精神。他认为那些年

轻的美国音乐家们力图模仿欧洲音乐，做得太过分了。德沃夏克觉得他们应当从他们自己的丰富的民间旋律宝藏中给自己的国家制造一种民族音乐。为了向他们表明他们可能够做到这一点，他写了他那部伟大的交响曲《自新大陆》。

《自新大陆》交响曲是所有交响曲中最伟大的一部之一。德沃夏克并不只是抄袭黑人和印第安人的主题。他受到黑人和印第安人音乐的启发，创作出他自己的主题。在第一和第三乐章的欢快的曲调的闪现中，我们甚至能不时瞥见美国移民者们朝气蓬勃的谷库舞和碾米时闲谈的景象。第二乐章那段美妙的"慢板"也许是所有交响乐中最动人的旋律，它表现了黑人灵歌的精神，并且人们唱"念故乡"这句歌词的时候往往也把它唱得像一首灵歌。

德沃夏克的主要作品有歌剧《国王与矿工》《顽固的农民》《万达》《农民无赖》《德米特里》《雅各宾党人》《魔鬼与凯特》《水仙女》《阿尔米达》等 12 部，合唱曲《赞歌》《圣母悼歌》《幽灵的新娘》《圣柳德米拉》《D 大调弥撒曲》《安魂弥撒曲》《感恩赞美诗》等，以及"自然、生命和爱情三部曲"的管弦乐曲《狂欢节》《水妖》《午时女巫》《金纺车》《野鸽》《在自然的王国里》《奥赛罗》等。

◎ 福 莱

福莱（1845—1924 年），法国
作曲家。生在法国南部帕米耶，担
任过巴黎音乐学院教授、院长，是
法国当时最杰出的作曲家之一。
1845 年 5 月 12 日，福莱生于法国
南部比利牛斯山区的帕米叶，九岁
被送到巴黎进一所新建立的教会音
乐学校读书。1866 年毕业后先后在
若干个教堂担任管风琴手。福莱毕
生致力于发展法国民族音乐，他是
1871 年成立的法国民族音乐协会的
创办者和领导者之一，长时间为
《费加罗报》撰写音乐评论。

福 莱

福莱的创作风格精微细致而自
然，高雅纯正而绚丽，成为法国音乐年轻一辈作曲家的精神领袖。主要作
品有《夏洛克》《洋娃娃组曲》《假面剧与贝加莫舞曲》《美好的歌曲》
《夏娃之歌》《关闭的花园》《幻景》《虚幻的境界》《普罗米修斯》《潘奈

洛佩》《安魂弥撒》《佩列阿斯与梅丽桑德》《叙事曲》等。1924 年 11 月 4 日，福莱病逝于巴黎。

法国作曲家福莱

　　福莱出生在法国南部比利牛斯区阿列日省的帕米耶，他的父亲是一位教师，担任当地师范学校的校长，育有一女五男。小福莱作为家中最年幼的儿子，在父亲任职学校的附属教堂中，对风琴产生兴趣，而他所流露的音乐天赋也获得大人们的注意。由于他们家并非音乐世家，老福莱最初也只是将他送入普通学校，然而在学校老师的强烈建议下，老福莱最终还是决定让他的儿子朝音乐领域发展。

　　九岁的时候，福莱被送到巴黎进一所新建立的教会音乐学校读书——尼德梅耶学校，这是一所当时新创的古典宗教音乐学校，创办于 1953 年，主要的目的是培养宗教音乐的专才。也教授学生关于宗教音乐的各个方面，从教堂的风琴与钢琴演奏，唱师班的伴奏与指挥，到音乐作曲、音乐历史以及葛罗里圣歌。福莱在这里熟悉了 15、16 世纪宗教音乐的无伴奏歌唱和格里高利圣咏。福莱扎实地学到许多古典时期的传统音乐，包括了中古教堂音乐的音阶与调式。后来学校来了一位年轻的钢琴与作曲教授，这位教授就是后来成为福莱良师益友，影响其一生的圣桑。圣桑的到来为这间小学校带来新的活力，在巴赫与莫扎特等古典课程之外，圣桑更引介了

舒曼、李斯特、古诺、柏辽兹、瓦格纳等当代作曲家的音乐。在诸多早期浪漫乐派的作曲家中，福莱独钟肖邦，日后福莱在创作钢琴曲时也深受肖邦的影响。

1865 年，福莱自尼德梅耶学校毕业，在当时他已经囊括了钢琴、风琴、和声学、赋格与对位法以及作曲等数项首奖，并成为圣桑积极提拔的得意弟子。毕业后的五年间福莱在各地担任风琴师，似乎只要按着既定的步伐往下走，很快的他就也会有机会跟随着其师圣桑的脚步成为玛德莲教堂的管风琴手。然而时局遽变，1870 年普法战争爆发，福莱被编入军旅，担任轻步兵团的通讯兵，并在普鲁士军包围巴黎的攻势期间参与了战事。

普法战后的局势改变不了工人阶级的命运，倒是改变了法国音乐的命运。受到战事的刺激，前一年才刚造访瓦格纳的圣桑，在 1871 年的 2 月 25 日与诗人 Romain Bussine 联合创立了国民音乐协会，高举起"高卢艺术"的旗帜，试图透过法国古典主义的回归与器乐的提倡，对抗当时充斥于巴黎的义式舞台音乐，寻找对比于德奥音乐的法国高卢人之声。所谓的法国国民乐派就在这样的氛围下迈开步伐。福莱前承圣桑，后继者则有拉威尔与德彪西。早期与圣桑一同为法国国民乐派奠基，后期在巴黎音乐学院任内力行改革，提拔后进，对于法国近代音乐发展起了轴承的作用。福雷的音乐作品以声乐与室内乐闻名，在和声与旋律的语法上也影响了他的后辈。

◎ 比 才

　　比才（1838—1875 年），法国
作曲家，又名比捷。1838 年 10 月
25 日出生于巴黎，父亲是声乐教
师，母亲出身于音乐世家。比才 10
岁入巴黎音乐学院学习，1857 年曾
获罗马大奖。比才是现实主义歌剧
的先驱，对法国和欧洲的歌剧创作
产生过关键性的影响。管弦乐组曲
《阿莱城姑娘》是他创作道路上起
决定作用的作品，而最后一部歌剧
《卡门》则标志着他创作上的最高
成就。其他作品还有歌剧《采珍珠
者》《唐普罗科皮奥》，及双钢琴
组曲《儿童游戏》，钢琴曲《半音
变奏曲》《夜曲》等。

比 才

　　歌剧《卡门》是比才创作的顶峰，剧情取材于梅里美的同名小说。比
才把社会底层人物枣烟草女工和士兵推上了法国歌剧舞台。音乐与剧情构

成了一个不可分割的整体，丰富的不同性格的旋律展现了五彩缤纷的生活画卷，刻画出栩栩如生的人物形象。音乐上，比才强调剧情发展的对比和力度，音乐生动而富有光彩。《卡门》是比才最心爱的作品。这部最优秀的作品是法国歌剧史上重要里程碑，是 19 世纪下半叶现实主义歌剧的杰作，直接启发了意大利真实主义歌剧的兴起。1875 年 6 月，比才由于心脏病猝发而死。

法国作曲家比才

比才除了歌剧《卡门》外，还创作了其他音乐作品，如果他不是只活了 36 岁的话，肯定会写出更多的作品，但是他是唯一只因一部作品而挤进排行榜的作曲家，如果没有《卡门》，比才就不会列入最优秀的作曲家之中，有了《卡门》，就绝没有任何理由将他排除在外。

巴黎是这位作曲家的出生地，也是他的家庭所在地。比才的杰作《卡门》1875 年首演于巴黎，被认为是一部"悲剧性"很强的谐歌剧。在该剧首演 3 个月之后他便逝世（可能是长期的喉疾使他身体虚弱，而死于心脏病）。实际上，这部歌剧尽管没有引起轰动，但也得到了评论家相当好的评价，而且在他去世的那天晚上，它已经演到第 33 场。一位评论家赞扬了这部歌剧良好的和声，另一位则说这部歌剧是"音乐家的光荣"。然而，过了 3 年之久，这部歌剧才真正走红。

柴可夫斯基，他在给朋友梅克夫人的信中写道：在我看来，这部歌剧无论从什么意义上来说都是一部杰作。有朝一日它将成为最生动地反映整整一代人音乐成就的少有的作品之一。它使我想到，我们生活的时代在一个方面不同于上一个时代：我们的作曲家是在探索，首先是在探索美妙动人的效果。这一点是莫扎特、贝多芬、舒伯特和舒曼等人都从未做过的……突然之间涌现出一位法国人，他使人兴奋而且痛快的段落不是精心设计出来，而是自然而然地流溢出来的。它们悦耳动听，但同时又打动人和烦扰人……自始至终它都是那样吸引人，使人快乐。人们从中可以听到一些引人注意的和声和全新的声音组合，但是这些并非只为它们本身而存在的。比才是一位歌颂现代特色的艺术家，但他又具有真实的激情……我相信，大约在10年内，《卡门》将会成为世界上最受欢迎的歌剧。

乔治·比才根本不是真正的比才，他的原名是亚历山大·恺撒·利奥波德·比才。作为教唱歌的父亲和来自一个钢琴演奏世家的母亲，给他选择这样一个军人的名字，是相当奇怪的。"乔治"是一位受人喜爱的教父授予的，并且沿用下来。回到巴黎后，比才在他的一生中第一次开始遭遇坎坷。在他回家的路上，他母亲去世了，他不得不自谋生计。他想创作歌剧，但他却被迫花费大部分时间，把他的才能为他人做些一般性的工作（为舞曲配器，把管弦乐作品改编成钢琴曲，还从事几乎所有其他能赚点钱的音乐活动）。

比才第一部完成的歌剧是《采珠者》，这部以锡兰为背景的作品于1863年在巴黎上演，人们对这部作品的反应平平。有些评论家指责比才盲目模仿瓦格纳，但是他的法国同胞柏辽兹却从中发现了"大量优美且有表现力的、非常炽热和丰富色彩的乐段"。

在给朋友的一封信中，比才就男性的义务与女人的问题发表了一些看法："关于女性，我变得越来越不像'法国骑士'了。我认为这种态度是毫无意义的，它只不过是对不正当男女关系的一种满足。我将甘愿为朋友冒生命危险，但是如果我为了一个女人而损失一根头发的话，我就把自己看作是傻瓜。我把这些只告诉你，因为如果张扬出去，就会使我失掉今后的机会。"

经典歌剧《卡门》

歌剧《卡门》完成于1874年秋，是比才的最后一部歌剧，也是当今世界上上演率最高的一部歌剧。四幕歌剧《卡门》主要塑造了一个相貌美丽而性格倔强的吉卜赛姑娘——烟厂女工卡门。卡门使军人班长唐·豪塞坠入情网，并舍弃了他在农村时的情人——温柔而善良的米卡爱拉。后来唐·豪塞因为放走了与女工们打架的卡门而被捕入狱，出狱后他又加入了卡门所在的走私贩的行列。卡门后来又爱上了斗牛士埃斯卡米里奥，在卡门为埃斯卡米里奥斗牛胜利而欢呼时，她却死在了唐·豪塞的剑下。

本剧以女工、农民出身的士兵和群众为主人公，这一点，在那个时代的歌剧作品中是罕见的、可贵的。也许正因为作者的刻意创新，本剧在初演时并不为观众接受，但随着时间的推移，这部作品的艺术价值逐渐得到人们的认可，此后变得长盛不衰。这部歌剧以合唱见长，剧中各种体裁和

风格的合唱共有十多部。

歌剧的序曲为 A 大调，四二拍子，回旋曲式。整部序曲建立在具有尖锐对比的形象之上，以华丽、紧凑、引人入胜的音乐来表现这部歌剧的主要内容。序曲中集中了歌剧内最主要的一些旋律，而且使用明暗对比的效果将歌剧的内容充分地表现了出来，主题选自歌剧最后一幕中斗牛士上场时的音乐。本剧的序曲是音乐会上经常单独演奏的曲目。

第一幕中换班的士兵到来时，一群孩子在前面模仿着士兵的步伐开路。孩子们在轻快的 2/4 拍子，d 小调上，唱着笛鼓进行曲《我们和士兵在一起》。在这一幕塑造了吉卜赛姑娘卡门热情、奔放、富于魅力的形象。主人公卡门的著名咏叹调《爱情像一只自由的小鸟》是十分深入人心的旋律，行板、d 小调转 F 大调、2/4 拍子，充分表现出卡门豪爽、奔放而富有神秘魅力的形象。卡门被逮捕后，龙骑兵中尉苏尼哈亲自审问她，可她却漫不经心地哼起了一支小调，此曲形象地表现出卡门放荡不羁的性格。还是这一幕中，卡门在引诱唐·豪塞时，又唱出另一个著名的咏叹调，为快板、3/8 拍子，是一首西班牙舞蹈节奏的迷人曲子，旋律热情而又有几分野气，进一步刻画了卡门性格中的直率和泼辣。

第一幕与第二幕之间的间奏曲也十分有名，选自第二幕中唐·豪塞的咏叹调《阿尔卡拉龙骑兵》，大管以中庸的快板奏出洒脱而富活力的主旋律。第二幕中还有一段吉普赛风格的音乐，表现的是两个吉普赛女郎在酒店跳舞时纵情欢乐的场面，跳跃性的节奏和隐约的人声烘托出酒店里喧闹的气氛。第二幕与第三幕之间的间奏曲是一段轻柔、优美的旋律，长笛与竖琴交相辉映，饱含脉脉的温情。

第三幕中著名的《斗牛士之歌》，是埃斯卡米里奥为感谢欢迎和崇拜

他的民众而唱的一首歌曲。这首节奏有力、声音雄壮的凯旋进行曲，成功地塑造了这位百战百胜的勇敢斗牛士的高大形象。第四幕的结尾，正像柴可夫斯基所说的那样："当我看这最后一场时，总是不能止住泪水，一方面是观众看见斗牛士时的狂呼，另一方面却是两个主人公最终死亡的可怕悲剧结尾，这两个人不幸的命运使他们历尽辛酸之后还是走向了不可避免的结局。"剧中还有一段脍炙人口的西班牙风格舞曲"阿拉贡"，也是音乐会上经常单独演出的曲目。

◎ 亨德密特

亨德密特（1895—1963年），德国作曲家、指挥家和中提琴家。9岁学小提琴，14岁成名，同年入音乐学院深造作曲和理论。1915年，亨德密特任法兰克福歌剧院首席小提琴，并继续从事作曲和室内乐演奏。1927年在柏林教授作曲，并开始音乐理论和历史研究工作。此时写成著名歌剧《画家马蒂斯》。

1940年，亨德密特移居美国，在耶鲁大学音乐院任教。晚年以指挥家身份往返欧美各地演出。亨德密特的早期作品受施特劳斯、德彪

亨德密特

西和斯特拉文斯基等人的影响较多。他的室内乐作品富有强烈的节奏动力和幽默感，奏鸣曲具有很强的抒情风格，和声平稳柔和，而且还善于在创作中揉入美国音乐的因素，其作品具有明显的现代风格。

音乐巨擘亨德密特

亨德密特被视为 20 世纪巴赫风格音乐的主要创作者，他精通复调法，并擅长创作结构和谐、严谨和简洁的乐曲，堪称音乐巨擘。他是 20 世纪的音乐泰斗，就如同巴赫是他那个时代的音乐泰斗一样。一些批评家说，他是 20 世纪完美无缺、技艺精湛绝伦的音乐家。就他早期的作品而论，他也是"刺耳的不协和音的最具权威者"。

亨德密特曾在一个时期专门为电台和影片等创作了一些为人们所喜闻乐见的乐曲，称之为"功能音乐"，即"普通音乐"，这是当代艺术乐章的一部分。用他自己的话说："在工厂、大城市的街区、行驶的火车上或随便什么地方都可以上演歌剧。我竭力要表明的全部看法是，我认为一部出色的歌剧不一定非要充满浓郁的浪漫色彩，非要表现出自然性、写实性或象征性，主要应能为歌剧谱写出真实感人的音乐。"

1933 年，希特勒上台时，亨德密特是仅亚于理查·施特劳斯的德国最受尊敬的音乐家，以作曲家、作曲教授、理论家、室内音乐演奏家和小提琴大师著称。但希特勒不喜欢他创作的现代音乐，而且他的妻子是犹太人也使纳粹感到不快，他还欣然接受犹太人加入他的乐团，全然不顾希特勒的禁止，与犹太人结交朋友。令人敬佩的是，亨德密特没有改变他的行事

方法，而且世人不无恐惧地得知纳粹也未改变他们的方式。

纳粹对他的作品作了十分典型的评论，称他的作品为"颓废音乐"。希特勒那位穷凶恶极的宣传部长戈培尔博士对亨德密特说："技艺精湛不是一种借口，而是一种义务。滥用这种技艺编造一些毫无意义、微不足道的音乐把戏，有损真正天才的名誉。"这类评论足应使我们当中那些不为亨德密特所动的人重新考虑一下他们的立场，并尊崇他。

在德国期间，亨德密特花几年时间创作了歌剧《画家马提斯》。这是以文艺复兴时期的著名国家——德国最伟大的艺术家之一马提斯的名字命名的。马提斯所以对亨德密特具有吸引力，是因为他在反对暴政的农民战争中能为农民而战。音乐学家认为，这部歌剧是亨德密特抗议纳粹主义的一种方式。根据这部歌剧的乐曲，亨德密特创作了一首三乐章交响曲，也称之为《画家马提斯》，这是他的杰作之一。

亨德密特的音乐作品

亨德密特第一部大获成功之作是歌剧《卡地亚克》，这部歌剧于 1926 年在德累斯顿上演。其剧情取自霍夫曼的小说《斯库德丽小姐》，这是个不太令人愉快的故事，讲的是金饰工人卡地亚克用毒药浸渍金制品，以谋杀手段获取赃物。人们认为，《卡地亚克》中的管弦乐与亨德密特所创作

的任何管弦乐一样美妙动听。

在这段时期内，亨德密特创作了一系列供各种乐器演奏的著名室内乐，其中包括《第二号钢琴协奏曲》，加 12 件乐器（1924 年）、《第三号大提琴协奏曲》，加 10 件乐器（1925 年）、《第五号中提琴协奏曲》（1927 年），以及《第六号抒情维奥尔琴协奏曲》（1927 年）。音乐专家认为，这些乐曲将巴赫的复调法与 20 世纪创新的和声、节奏和旋律融合在一起。

亨德密特在稍后时期创作的大部分最严肃的作品有：《弦尔与铜管的演奏会音乐》（1930 年），中提琴协奏曲《翻飞天鹅》（1935 年），《小提琴协奏曲》（1939 年），芭蕾舞剧和管弦乐组曲《最尊贵的显圣》（1938 年），传统交响曲《降 E 大调交响曲》（1940 年），以及《韦伯主题交响变奏曲》（1943 年）。其他后期作品包括：《音的游戏》，由 12 段赋格组成，每段一个调性，这是巴赫《平均律钢琴曲集》的 20 世纪版本；《宁谧交响曲》的两个乐章由整个乐团演奏，一个乐章编制为木管乐器，还有一个乐章编制为弦乐器，以及由乐团演奏的《降 B 大调音乐会管乐队交响曲》。

亨德密特创作的奏鸣曲、弦乐合奏和联篇歌曲也很著名，他创作的两首芭蕾音乐和联篇歌曲《玛丽的一生》仍在上演。《玛丽的一生》是由钢琴伴奏的女高音联篇歌曲，取材于 15 首描述处女玛丽一生的诗篇。在其晚年，技巧更加娴熟的亨德密特创作了一些带有明显浪漫主义音调的乐曲——实际上，这种音调曾是他竭力反对过的。

罗伯特·萧曾委托亨德密特为在第二次世界大战中死难的受爱戴者谱

写一首安魂弥撒，亨德密特称这首弥撒曲为《当丁香花最后在庭院开放时》，当时这位作曲家刚加入美国籍。这首乐曲是他根据惠特曼歌颂林肯的诗篇创作的，该乐曲代表了亨德密特的精湛技艺，它包括进行曲、帕萨卡利亚舞曲和一首赋格。这是亨德密特创作的最动人、最出色的一首乐曲。

◎ 格鲁克

格鲁克（1714—1787 年），德
国作曲家。年轻时师从捷克作曲
家、管风琴家车尔诺霍尔斯基钻研
音乐。1736 年后，格鲁克去过维也
纳，寓居过意大利，到过伦敦。后
随萨马尔蒂尼学过作曲，结识亨德
尔，并从亨德尔的清唱剧风格中得
到启发。1750 年，格鲁克重返维也
纳后任维也纳宫廷乐长及歌剧指
挥，着手歌剧改革。

18 世纪中叶，意大利歌剧的
表演形式日趋呆板，歌唱演员过分

格鲁克

炫耀声乐演唱技巧，从而破坏了戏剧的连贯。这与启蒙时代倡导的"质
朴、自然"的艺术原则相违背，格鲁克提出要对其进行改革，核心主张是
"质朴和真实是一切艺术作品的伟大原则，歌剧必须有深刻的内容，音乐
必须从属于戏剧"。

格鲁克的代表作有《伊菲姬尼在奥利德》《阿尔米德》《唐璜》《奥菲

欧与优丽狄茜》《阿尔西斯特》等。他的作品以质朴、典雅、庄重而著称。格鲁克的歌剧改革，对法国、意大利、奥地利、瑞典、英国音乐戏剧的发展产生了显著影响，是歌剧发展史上的一个里程碑。格鲁克是当时集意大利、法国和德奥音乐风格于一身的绝无仅有的作曲家。

格鲁克的歌剧改革

18 世纪最有影响的事件是歌剧的改革，歌剧变革的社会历史原因是旧制度的瓦解和新思想的形成。作为启蒙运动在音乐领域的直接成果，表现最突出的是喜歌剧的产生。喜歌剧是对意大利正歌剧的革命，它不仅是创造了一个新体裁，更重要的是宣扬了启蒙主义的思想观念，表现了民主、平等、博爱的精神。它采用的新题材来源于市民群众的新生活，它塑造的新人物具有理想主义的新形象。它的出现和取代正歌剧，是社会历史发展的必然结果。

意大利正歌剧在走了一个多世纪的历程后，进入了"没落期"。到 18 世纪初叶，意大利剧作家塔西奥的三十多部歌剧脚本，被作曲家们数百次地配乐，使正歌剧形成了标准而固定的模式：题材基本上是历史正剧，结构一律为三幕多场，人物往往是一对情人、一位暴君和几个配角，咏叹调和宣叙调一成不变地轮流出现，宣叙调不用乐队伴奏，音乐创作也陷入了固定的格式。这种公式化概念化的创作模式，理所当然地引起观众的不满和厌烦，也最终扼杀了正歌剧的活力与生命。18 世纪初，曾经辉煌的意大利正歌剧寿终正寝了。

与此同时，歌剧的演出情况更糟，阉人歌唱家在舞台上占据着主导和支配的地位。尤其是担任女高音的演员，不仅可以随意向作曲家、指挥提出各种古怪离奇而又必须满足的苛求，并且根本不顾剧情和人物的规定。如在第一次上场时一定要骑马，要佩带羽毛头饰，要有侍从跟随其后，不能担任稍微次要一点的角色，不能扮演暴君、叛徒，甚至不能扮演可能有损其美好形象的上年纪的人物，不能在舞台上"死"去。同时，他们还必须享有在舞台上吃水果、喝香槟酒等特权。这种近乎胡作非为的荒谬行为，把歌剧的戏剧性完全抛弃了。歌剧舞台简直成了阉人歌唱家的私人宅邸。在这种情况下，正歌剧只能加快其衰败的过程。

正歌剧的消亡与新歌剧的兴起，并不是"和平过渡"的。在新旧势力之间，围绕着歌剧的改革，进行了具有历史意义和深远影响的激烈争论。在改革派中，格鲁克是最杰出、最重要的一位。他的贡献在于使歌剧这一珍贵的艺术品种获得了新生，并为大歌剧和浪漫派歌剧的出现奠定了基础。

格鲁克不愿继承他父亲守卫山林的职务，前往布拉格或在教会唱歌或在舞场演奏，成为了一名大提琴家。他在维也纳得到贵族的资助，1737 年随亲王出访米兰，师从萨马蒂尼。进行了四年之久的作曲学习。在当时的欧洲文化界，特别是音乐界有必要首先向意大利学习。了解意大利也就是了解文化、了解艺术，因此格鲁克去了意大利。他首先在意大利学习那波里乐派的歌剧，然后在法国受到吕利、拉莫的法国歌剧的影响，他充分的理解了这些歌剧不合理之处，对歌剧的表现形式加以彻底地改革。

格鲁克最初的创作有很长的时间依循传统的模式，在欧洲各地的歌剧院创作正歌剧，他创作的第一部歌剧是 1741 年在米兰完成的《阿尔塔塞斯》。这是一部意大利风格的歌剧，也就是说它是以华丽的声乐演唱技巧为基础的，因此，这部作品理所当然地在米兰受到了次迎。1754 年教皇贝内迪克特十四世为格鲁克加封进爵。他在宫廷负责文艺事务的杜拉佐伯爵领导的维也纳歌剧院担任指挥。

从 1750 年至 1761 年的十几年中，格鲁克创作了许多部歌剧如《埃乔》《迪托的仁慈》《卡米乐的凯旋》《中国人》《舞》《安迪古诺》《牧人》等。后来，他为又奥地利宫廷创作的一批小型喜歌剧，像《梅兰岛》《假奴才》《基西拉之围》《魔法树》《改邪归正的酒鬼》《受骗的法官》等，这一期间，格鲁克接受了激进思想和歌剧变革思潮的影响，改革思路开始形成，创作风格发生改变，创作经验逐渐丰富，为即将进行的歌剧改革，做好了充分的准备。

1762 年，格鲁克写出一部令人刮目相看的歌剧。当时，他已经意识到意大利歌剧越来越"荒唐乏味"，充满了"无聊夸张的虚饰"。他提出的口号是：歌剧应该优美而简洁。为了实现这一主张，格鲁克创作了《奥菲欧与尤丽狄茜》。该剧音乐纯朴优美，丰富的特殊效果使剧情清晰明了，砍掉了所有使歌手得以成名的技巧炫耀。把新的意大利歌剧风格和法国歌剧中的合唱、芭蕾结合在了一起，典雅的意大利旋律、严肃的德国旋律和恢弘的法国旋律结合在一起，观众一下子就感觉到歌剧舞台上发生了革命。

1767 年和 1770 年，格鲁克又推出了两部改革歌剧《阿尔切斯特》和《帕里德和爱琳娜》。格鲁克还在歌剧《阿尔切斯特》的总谱的前言中，阐述了他对歌剧改革的重要原则和歌剧创作的美学观点，被认为是格鲁克歌

剧改革的宣言书。1772 年，格鲁克来到巴黎，希望能够得到这里的观众的理解和支持，以继续推进歌剧改革事业。当时的法国皇后玛丽安·安托内特在维也纳时曾跟格鲁克学过声乐。1774 年，在这位皇后的支持下上演了《伊菲姬尼在奥利德》，同年还重演了《奥菲欧》，并以男高音取代了阉人歌手。

在《伊菲姬尼在奥利德》这剧歌剧中，格鲁克更加突出了音乐的戏剧性，强化了英雄主义的歌剧主题，特别是形成了成熟而完整的协奏曲式的歌剧序曲。使他获得决定性的成功，格鲁克在一夜间成为巴黎家喻户晓的知名人士。1777 年，格鲁克创作并上演了《阿尔米德》，这部作品在坚持了改革原则的基础上，更好地发挥了乐队的作用。1779 年，格鲁克最后一部改革歌剧《伊菲姬妮在陶里德》问世，这部作品取消了爱情主线，突出了人物内心情感的冲突，强调了咏叹调的作用，使格鲁克的歌剧改革划上了一个圆满而闪光的句号。

格鲁克一生共创作歌剧百部以上，其中最著名的是《奥菲欧与尤丽狄茜》《阿尔切斯特》《伊菲姬尼在奥利德》《阿尔米德》和《伊菲姬尼在陶里德》。格鲁克是第一位伟大的代表人物，虽然他的改革影响颇深，但仍未能使歌剧脱离与现实隔绝的虚构世界。1787 年 11 月 15 日，格鲁克在维也纳病逝。

◎ 斯特拉文斯基

斯特拉文斯基（1882—1971
年），美籍俄罗斯作曲家，1882 年
6 月 17 日生于俄罗斯彼得堡附近的
奥拉宁堡，西方现代派音乐的重要
人物。1939 年定居美国，先后入法
国籍和美国籍。早期作品如管弦乐
《烟火》，芭蕾舞剧《火鸟》《披德
鲁什卡》等，具有印象派和表现主
义风格；中期作品如清唱剧《俄狄
浦斯王》，合唱《诗篇交响曲》等

斯特拉文斯基

具有新古典主义倾向；后期作品如《乌木协奏曲》，歌剧《浪子的历程》
等，则混合使用各种现代派手法如序列音乐及点描音乐。

斯特拉文斯基 1971 年 4 月 6 日逝世于美国纽约。作品主要有：芭蕾舞
剧《火鸟》《彼得鲁什卡》《春之祭》《婚礼》《士兵的故事》《普尔钦奈
拉》《阿波罗》《仙吻》《牌戏》《奥菲斯》《阿冈》；歌剧《夜莺》《玛弗
拉》《浪子的历程》；管弦乐《烟火》《管乐交响曲》《敦巴顿橡树园协奏
曲》《C 大调交响曲》《协奏舞曲》《三乐章交响曲》《弦乐队协奏曲》等。

可怕的《春之祭》

《波士顿先锋报》曾说："谁写了这首可怕的《春之祭》，他有什么权利写这样的东西，把它那噼里啪啦叮叮当当的声音灌进我们躲也躲不过的耳朵里？还把它叫作《春之祭》，那是鸟儿们展开快乐的羽翼，欢唱悦耳歌声的季节，万物都是那么和谐！如果我没弄错，有能耐写《春之祭》的人，应该有权利痛痛快快演奏它！"

《春之祭》的作曲家斯特拉文斯基是跨越 20 世纪最负盛名的作曲家，被认为是本世纪最重要的作曲家，他在音乐方面具有支配力量，是涉猎所谓"新"或"现代"音乐的头号作曲家。他的作品包括：使音乐世界空前震撼的芭蕾音乐；他所谓的交响曲，但并非完全合乎人们能期望的那种交响曲；伪装成交响曲的合唱曲；一首介于歌剧和神剧之间非常著名的作品；一部著名的歌剧；一首小提琴协奏曲以及几首类似钢琴协奏曲的作品。

斯特拉文斯基生于俄罗斯的奥拉尼恩波姆，父亲是圣彼得堡歌剧院的男低音。斯特拉文斯基在当地大学学法律，也学钢琴。在里姆斯基·科萨科夫手下工作，后来放弃了法律，改学作曲。1910 年他 28 岁时由于发表了芭蕾音乐《火鸟》而声名大噪，一年后又发表了另一首芭蕾音乐《彼得鲁什卡》，声名如日中天。但真正造成轰动的是 1913 年第三首芭蕾音乐

《春之祭》，当时他只有 30 岁。有些音乐家说它在 20 世纪上半叶的影响，就如同贝多芬的《第九号交响曲》和瓦格纳的《特里斯坦与伊索尔德》在 19 世纪的影响一样。

《春之祭》演出的第一晚是现代音乐史上最喧闹的夜晚，发了狂的摇滚音乐会，听众高喊、尖叫、发出嘘声、互相拍打。《春之祭》动摇了音乐世界的基础。斯特拉文斯基在处理传统的和声、节奏和旋律概念时日益大胆。由于写了《春之祭》，斯特拉文斯基成为音乐界最煽动人心、最出风头和最引人议论的作曲家。

斯特拉文斯基于 1925 年第一次到美国，以后又多次来访，1939 年他迁居到这个国家。他在波士顿结了婚，1941 年，取得美国国籍后，定居在加州。在这之前一年，他写了纪念古典主义者海顿和莫扎特的《C 大调交响曲》。1945 年写成《三乐章交响曲》，这是一首重要作品；1947 年的芭蕾音乐《奥菲欧》；1948 年完成了《弥撒曲》；最重要的是 1951 年的歌剧《浪子的历程》，被评论家称为新古典主义的精华。这时在他作曲生涯的晚期进入了另一个阶段。这一时期最重要的作品有《圣歌荣誉归于圣马可》和《布道、朗诵和祈祷》。

斯特拉文斯基的音乐世界

斯特拉文斯基 1934 年成为法国公民，1945 年加入美国国籍，从而成为一位真正的世界公民。在音乐创作风格上他也经历了多次变化，从早期的现代主义和俄罗斯风格到中期的新古典主义，再到晚期的序列主义。主要代表作为早期三部舞剧音乐《火鸟》《彼得鲁什卡》《春之祭》。其他重要作品还有舞剧《婚礼》《普尔钦奈拉》《阿波罗》《竞赛》，歌剧《俄狄浦斯王》《浪子的历程》《普西芬尼》《诗篇交响曲》《三乐章交响曲》等。

其中《火鸟》取材于俄罗斯民间故事：王子在森林中捉住一只神奇的火鸟，在火鸟的恳求下，又放起飞去，火鸟以一支闪光羽毛相赠。被魔王囚于城堡的公主们来到林中散步，其中一美丽公主与王子一见钟情，但转眼间少女重又进入城堡。王子决心消灭魔王，但被魔王派遣的魔鬼抓住。王子用羽毛招来火鸟，在火鸟帮助下，找到了藏有魔王灵魂的巨蛋。魔王疯狂夺取巨蛋，王子在同魔王的激烈争夺中将巨蛋击碎。于是魔王死去，王子与美丽的公主结为伴侣。迪士尼将其编为动画片但故事寓意改变。

1910年—1914年，斯特拉文斯基多次前往瑞士。期间，斯特拉文斯基三部伟大的舞剧音乐——《火鸟》《彼得鲁什卡》《春之祭》为他在世界乐坛奠定了不可动摇的根基。第一次世界大战和俄国革命爆发后，瑞士成为斯特拉文斯基的居留地。在那里，他的音乐转向了新古典主义。迫于生计，他组建了一个"袖珍剧院"公司，创作和演出需要人员极少的小型剧目，在瑞士的乡村里作巡回演出。斯特拉文斯基的《士兵的故事》由此诞生，在瑞士洛桑首演并获得巨大成功。

◎ 西贝柳斯

西贝柳斯（1865—1957 年），又称西贝流士，芬兰著名音乐家，民族乐派的代表人物。一生作过 7 首交响乐和交响诗，一部歌剧和许多小型作品。西贝柳斯毕业于赫尔辛基音乐学院，后赴柏林、维也纳进修。西贝柳斯的作品，凝聚着炽热的爱国主义感情和浓厚的民族特色。自 1950 年起，在赫尔辛基会举办一年一度的国际音乐节——西贝柳斯音乐周。

西贝柳斯

西贝柳斯早年在赫尔辛基学习法律，24 岁时赴德国学习音乐。三年后回芬兰作了第一首音乐诗《萨迦》赢得轰动。他的最著名作品是交响诗《芬兰颂》，是用芬兰民歌忧伤的曲调组成，以一种不谐和的和声号召反抗，是民族主义音乐的典型代表，他被称为"芬兰民族之魂"。其代表作有交响诗《芬兰颂》《图翁涅拉的天鹅》《冰洲古史》《忧郁圆舞曲》《内心之声》《暴风雨》等。

芬兰音乐家西贝柳斯

西贝柳斯出生于芬兰的塔瓦斯泰胡斯，是一个军医的儿子。他很早就对音乐感兴趣，11 岁时进入芬兰模范学校，14 岁开始学小提琴。在赫尔辛基大学学法律后，一年内西贝柳斯放弃了法律课程，进入了音乐学院，后来又到柏林和维也纳继续深造。回到赫尔辛基后，他开始教授音乐并在一个弦乐四重奏中拉小提琴。他的旋律与和声大部分是传统的，对音色掌握得特别好，其中包括似乎来自他的祖国的黑暗音色。

西贝柳斯曾说："我讨厌钢琴：它是种不能令人满意、忘恩负义的乐器，只有作曲家肖邦成功地用它写过曲子，另外只有德彪西和舒曼对它有过密切了解。"

西贝柳斯是世界音乐排行榜中唯一的芬兰人。这位作曲家是芬兰最伟大的交响曲家，有人说他有英雄气概，有人说他气势雄伟，也常被称为"精神纯洁"，或是细腻，通常被视为独树一帜。西贝柳斯是一位不易归类的 20 世纪作曲家，是个坚决的民族主义者，热烈的爱国者。不论过去或现在，他无疑是芬兰的民族英雄——也是唯一的芬兰民族英雄。

西贝柳斯是柴可夫斯基的热烈崇拜者，也极为崇拜理查·施特劳斯的配器法。尽管公众赞赏他的交响曲，特别是支持他的《第一号》和《第二号交响曲》。西贝柳斯之所以名闻遐迩却不是来自这些作品，而是由于他

的交响诗，它们是由芬兰的传说和英雄以及松树、火、冰、雪及风构成。其中最有名的、有段时间甚至比芬兰的国歌更为人喜爱的是写于 1899 年的《芬兰颂》。

当时俄国沙皇禁止芬兰的言论自由，并且由波布里科夫将军用沙皇铁蹄统治着芬兰。这首作品是作为自由的音乐象征构思的，它不仅风靡欧洲，而且芬兰人在家里一听到它就热血沸腾，因此俄国禁了此曲。后来，在芬兰人争取独立的过程中，它成为争取芬兰自由的动员令。它和柴可夫斯基的《1812 年序曲》属于同一类——受到公众的欢呼。

西贝柳斯的第一首重要作品，也是芬兰民族音乐最先出现的作品，是他的交响诗《传奇》。其他的民族主义交响诗包括受著名芬兰史诗《卡莱瓦拉》启发而写的著名的《4 首传奇曲》，它们有着奇妙的名字：《图内拉的天鹅》《回到莱明凯宁》《莱明凯宁和少女们》及《莱明凯宁在图内拉》。西贝柳斯用下面的话描写了《图内拉的天鹅》的音色："图内拉，死神的王国，芬兰神话的殿堂，由一条黑色的小溪和湍急的宽阔河流所包围，图内拉的天鹅在河中庄重地滑行和唱歌。"在另一首交响诗《塔皮奥拉》中，西贝柳斯在这首作品里加上如下一些话："斯堪的那维亚黑黝黝的森林铺展开来，挺立在那里；古老、神秘、沉思的野蛮的梦。在林中住着强大的森林之神，树精们在黑暗中编织着奇幻的秘密。"

◎圣 桑

卡米尔·圣桑（1835—1921
年），法国作曲家。5 岁起开始作
曲，11 岁以钢琴家身份登台演出，
13 岁进巴黎音乐院学管风琴和作
曲，后在教堂任管风琴手，其中有
4 年在尼德梅耶尔音乐学校教钢
琴。1877 年辞去教堂的职务，埋头
作曲。圣·桑是法国民族音乐协会
的创始人，积极从事音乐活动。

米尔·圣桑的创作技巧纯熟，
作品数量超过 170 部，几乎涉及每
个音乐领域，旋律流畅，和声典

圣 桑

雅，结构工整，配器华丽，色彩丰富，通俗易懂。其代表作有管弦乐组曲
《动物狂欢节》，交响诗《骷髅之舞》《第一大提琴协奏曲》和小提琴与乐
队的《引子与回旋随想曲》等。

法国的"门德尔松"

　　圣桑是一个法国公务员的儿子，出生于巴黎，做了所有令人吃惊的非凡事情。13 岁圣桑便进入巴黎音乐院，并获得管风琴和作曲的奖金，成为一家巴黎小教堂的管风琴师。22 岁时被任命为巴黎最著名教堂之一的马德莱纳教堂管风琴师。他在那里待了二十多年，46 岁时被选入学院，又过了许多年，他获得了多种荣誉，创作乐曲，受到人们尊重、喜爱和赞扬。除音乐外，圣桑还研究过天文学和物理。他写诗，写过一个剧本，贪婪地阅读文学著作，他能说好几种语言。他曾历经悲剧，一周内连续失去两个孩子以及婚姻破裂。他的性格也不理想，但却是个才华洋溢的音乐家。

　　圣桑的音乐听起来像是古典音乐。圣桑是位知识分子，像是文艺复兴时期的人：从小就是神童，3 岁能作曲，7 岁就对音乐进行分析，钢琴的奇才，首席管风琴手，写了些关于绘画、哲学、文学和戏剧的书。他不像柏辽兹那样暴躁，不像弗朗克那样理智，也不如他同时代的德国人那样"深沉"。他早年的朋友和同事李斯特说他是世界上最伟大的管风琴手。

　　圣桑的作品包括受李斯特、瓦格纳小圈子影响的 4 首交响诗，但他也被称作"纯音乐的高级祭司"。同时他也是在标题音乐与纯音乐领域中都

超凡入圣的少数作曲家之一。圣桑一开始就是个激进分子，他是个勇于尝试者，先是瓦格纳派，后来又是印象主义者德彪西的早期崇拜者，他最缺乏的是热情。评论家指出他的作品显示出最优秀的法国音乐的最典型特点：结构富于逻辑性，明晰、坦率、悦耳、技巧超群。

1868 年圣桑创作的《g 小调第二号钢琴协奏曲》是他最著名的作品。圣桑把它寄给李斯特请求批评，这位伟大的钢琴家回答道："它的曲式新颖、非常愉快……请原谅这么详细进行评论，亲爱的圣桑先生，冒昧评论之际，我想十分真诚地向您保证我喜欢您的全部作品。"他被称为法国的门德尔松，一个从未发挥出他的天才的作曲家，巧妙但并不热情，优雅而不激烈，机智但不富于灵气，一个完美主义者，但却不是激情的完美主义者。

圣桑最著名的作品之一是那部动人的宏伟歌剧《参孙与达丽拉》，它是在 1877 年首演的一部曲调优美迷人的三幕作品。圣桑写了 5 首交响曲，4 首管弦乐交响诗，12 部歌剧，5 首钢琴、3 首小提琴和两首小提琴协奏曲，神剧，钢琴幻想曲，许多室内乐，100 多首评价不太高的歌曲。他最著名的标题音乐是他的第三首交响诗《死之舞》，在这首作品里，骷髅半夜离开墓地四处跳舞，白骨哐啷哐啷响，直到黎明时公鸡报晓才停止舞蹈，它的主旋律是一首病态进行曲。

圣桑的另一首著名的管弦乐曲（是首愉快得多的乐曲）是由两架钢琴和管弦乐团演奏的《动物狂欢节》，其申演出的有大象、袋鼠、布谷鸟，它包括了也许是为大提琴独奏写的最著名的旋律《天鹅》。另一首常被演奏的乐曲是为小提琴和管弦乐而写的《序奏与回旋随想曲》。

圣桑在 1870 年普法战争后，对复兴法国管弦乐颇有贡献。他的 4 首交响诗——《死之舞》《奥姆法尔的纺车》《法厄同》和《海格立斯的青春》都是为协会的音乐会写的。罗曼·罗兰说圣桑的民族音乐协会是"法国艺术的摇篮和圣殿。从 1870 到 1900 年间，法国音乐中一切伟大的东西都来自它那里"。

◎ 巴托克

巴托克（1881—1945 年），现代西方最重要的作曲家之一。生于匈牙利的纳吉圣米克洛斯，自幼学习音乐，十岁登台演奏自作钢琴曲。1903 年，巴托克毕业于布达佩斯音乐学院，1907 年任该院钢琴教授。1905 年，他开始从事匈牙利民歌的收集、整理、研究工作，并将研究范围扩大到东欧各国、北非和土耳其，收集民歌达三万首以上。巴托克形成了以民间特点为主，充满节奏活力与丰富想象的独特风格。

巴托克

巴托克的主要作品有歌剧《蓝胡子公爵的城堡》，舞剧《奇异的满大人》，乐队曲《舞蹈组曲》《弦乐打击乐与钢片琴的音乐》《乐队协奏曲》三部钢琴协奏曲，六部弦乐四重奏以及许多乐曲、钢琴曲。巴托克生活与创作道路坎坷不平，经历了两次世界大战。由于法西斯迫害，巴托克于

1940 年流亡美国，生活凄苦，精神孤独，因白血病客死他乡。

伟大的民间音乐家

　　巴托克是伟大的民间音乐专家，他花费了多年时间，在东欧偏远的山区和村庄里到处搜寻。他发表了大约两千首民间曲调，都有他自己的作曲风格。虽然完全是独创性的，但吸收了古典作曲家以前不曾有过的民间音乐的基本成分。他的音乐包含了强而有力的、不规则的民间节奏和旋律，基于古老民间音乐音阶和不寻常的民间音乐配器法。

　　像亨德密特一样，巴托克是 20 世纪"新音乐"的主要作曲家之一，许多当代评论家把他的地位排得更高些。他毕生从事的工作是为匈牙利真正的民间音乐增光，将匈牙利民间音乐的和声和节奏写入他自己的 20 世纪的作品中。

　　巴托克是较多用不协和音的作曲家之一，他的乐音对习惯于勃拉姆斯、贝多芬、莫扎特和门德尔松的人来说是特别古怪的。他与斯特拉文斯基、普罗科菲耶夫、肖斯塔科维奇共同"为不协和音增了光"。

　　巴托克出生于匈牙利的一个小镇瑙吉森特米克洛斯，正好诞生于李斯特去世前 5 年。他的父亲是一所农业学校的校长，他的母亲是钢琴教师。他就读于布达佩斯皇家音乐学院，成了杰出的钢琴家，早年认真地开始调查和收集匈牙利民间音乐。巴托克成了世界民歌权威，不仅是匈牙利的民

歌，而且还包括罗马尼亚、保加利亚和其他东欧国家，从喀尔巴阡山脉到黑海的民歌。作为一个真正的音乐学家，他是受赞誉的科学研究者。他写道："真正的匈牙利农民音乐当时几乎不为人所知。在其中宝贵的部分——最古老的匈牙利农民曲调中，最后找到了肯完全成为复兴匈牙利艺术音乐的基础的材料。"

巴托克的民间音乐

巴托克有时被说成是融合古典主义、浪漫主义及跨世纪的现代主义特色的少数几位作曲家之一，他的音乐易懂、简单、优美。他所选择的形式是传统的古典主义的，使用的管弦乐音色是浪漫主义的，原始演奏方面的"现代的"，在音阶与和声方面则具有极高的想象力。关于探索农民音乐，巴托克说："过度的浪漫情调开始使许多人无法忍受。"关于民间和声，巴托克认为："它可能听起来有些古怪，但我可以毫不犹豫地说，旋律越简单，与之相配合的和声演奏和伴奏可能越复杂、越奇怪。"

巴托克的不协和音乐的种子来自他收集的数千首匈牙利民歌，这些民歌本身就不和谐而且节奏复杂。他将这些听起来奇怪、僵硬的匈牙利民间音乐放进熟悉的古典主义结构中，写了一部歌剧《蓝胡子公爵的城堡》，两首大型芭蕾音乐《木刻王子》和《怪异的满洲官吏》。巴托克在对民歌感兴趣之前，学习了理查·施特劳斯和德彪西的音乐，因为这两位背离了

人们习惯听的 19 世纪音乐。施特劳斯是强调不协和的首批跨世纪作曲家之一，德彪西则创造了新的印象派音响：充满了迷雾、色彩、色调微差、基调、光影和气氛。接触巴托克及其 20 世纪新音乐的一个办法是听独幕"舞蹈哑剧"——管弦乐组曲《怪异的满洲官吏》的头两分钟。

1936 年，巴托克谱写了一首由 4 个乐章组成的作品，他称之为《弦乐、击乐与钢片琴的音乐》，该作品和芭蕾音乐《怪异的满洲官吏》具有"新音乐"的乐音。它们混合了"刺耳和令人难受的和弦"、无调性音乐、相当传统的和悦耳的乐声。连续听它几遍，你的"听觉器官"将会有一种奇怪的感受。

1927 年，巴托克在美国旅行了 10 个星期，演出了他的重要作品，他得到了敬重但却不热情的接待。13 年后，当他返回美国居住时，对待他的态度仍与上次相似。评论家一致认为他是匈牙利最佳作曲家，音乐权威称赞他为民谣音乐化作出了巨大贡献。巴托克在美国度过了他生命的最后 5 年，1945 年临终时，没有工作，没有名望，简直是一文不名。

◎ 马 勒

马勒（1860—1911 年），著名的指挥家、作曲家。1860 年 7 月 7 日，马勒生于波希米亚的卡里什特的一个犹太人家庭。马勒的家乡群山环绕、风景秀丽，流传着许多优美动听的民间音乐。马勒的父亲出身卑微，最后成为一个小商人，其母亲是肥皂商的女儿。他们共生下 14 个孩子，但由于家境贫寒，大部分都幼年夭亡。

马勒在童年时代就显露出音乐的才能，他六岁参加了钢琴比赛，八岁就能为别的孩子教授钢琴。而

马 勒

家乡所流传的优美的民间音乐对马勒的耳濡目染，又为他日后的音乐创作提供了丰富的营养。马勒最重要的作品是 10 部交响曲和管弦乐伴奏的歌曲，其交响乐作品规模宏大，长度和乐队的编制方面都是空前的。马勒把合唱加入交响乐中，以充分表现他的音乐中的哲理思想。

著名音乐指挥家马勒

马勒1860年出生于波西米亚的卡里什特，在维也纳音乐学院学习，成为布拉格歌剧院的指挥，后来又在布达佩斯、汉堡和维也纳指挥过，并被承认是音乐史上伟大的指挥之一。1908年在纽约大都会歌剧院，1909年在纽约爱乐团担任指挥。那些并非愉快的时代，他在家里曾是个小皇帝，但粗俗的纽约对谁也不尊重。不久之后他在纽约的身体状况变得很差，便回到欧洲，并于1911年逝世于维也纳。

"对我来说，写一首交响曲就是建设一个世界。"他说。他几乎没有写过室内乐（只知有一首早期作品），没有写过协奏曲，没有独奏器乐曲，没有歌剧，没有弥撒曲，只有交响曲和歌曲。他九首完整的交响曲和一首未完成的第十首今天仍在演奏，而他的另一首管弦乐作品《大地之歌》，则是根据译为德文的中国古诗而写成的一组6首歌曲的作品。

马勒曾说："在每个管弦乐团中，我都会碰到一些可怕的习惯或是不当的地方。他们看不懂乐谱上的记号，从而违背了力度强弱法和一首作品内在节奏的神圣法则。当他们看到渐强音时，就立即变强而且加快速度；而当他们看到渐弱时，就变弱，并把速度放慢……如果有人要他们演奏没有写下任何记号的作品（而这在歌剧中为歌唱家伴奏时是非常非常之必要

的），那么每个管弦乐团都完了。"

但是，马勒作品中最著名的并非他的哪一首交响曲，而是去世前几年在1908年写的《大地之歌》。有些音乐学家认为他把对世界未能接受他的音乐所产生的失望倾注在这里面。虽然他没有听到它的演出就已去世，他却曾提到它，说是"一首为男高音、次女高音（或男中音）及管弦乐团写的交响曲"。

马勒最著名的联篇歌曲是1885年的《旅人之歌》，1892—1898年的《少年的魔号》和1904年的《悼亡儿之歌》。《旅人之歌》是由四首歌组成，歌词由马勒本人写成，是关于一个失恋者在世界各地漫游的故事。《少年的魔号》取材自一部著名的德国民歌集。《悼亡儿之歌》则取自吕克特的诗篇，吕克特失去了他的两个孩子，写了一百多首哀歌。作曲家选了5首谱成曲：《太阳将再一次给清晨镀上黄金》《啊，现在我知道为什么你常常凝视》《当我亲爱的母亲》《我常想他们只不过去了国外》以及《在这样的暴风雨里》。瓦尔特曾说："马勒创造了激动人心的抒情艺术的典范。正如诗歌绝非通俗的诗歌一样，他的音乐也完全不同于他昔日歌曲的那种民歌情调，崇高的交响旋律构成了它们的音乐实质。"

◎ 普罗科菲耶夫

普罗科菲耶夫（1891—1953年），前苏联作曲家、钢琴家。自幼从母学习钢琴，5 岁试写钢琴曲，9 岁试写歌剧。14 岁进圣彼得堡音乐学院学习作曲和钢琴，20岁举行首次个人交响乐音乐会。1918—1936 年，普罗科菲耶夫旅居美国、法国，从事创作和演出，1936 年回国定居。1947 年，普罗科菲耶夫获俄罗斯联邦人民艺术家称号，1957 年获列宁奖金。

普罗科菲耶夫的创作分为三个时期。早期以管弦乐作品和钢琴作

普罗科菲耶夫

品为主，富于青春气息，音调具有俄罗斯民族风格；旅居国外时期，受西方现代音乐流派的影响，作品的节奏强烈、和声复杂；后期创作追随国际音乐新潮流，倾向于新古典主义。

普罗科菲耶夫的作品具有青春的活力、热情乐观、清晰而富有魅力。主要作品有歌剧《马格达伦》《赌徒》《火天使》《谢苗·科特科》《三只橘子之恋》《修道院的订婚礼》《真正的人》；芭蕾舞剧《罗密欧与朱丽叶》和《灰姑娘》；交响童话《彼得与狼》；D 大调《古典》交响曲等。

前苏联的神童音乐家

普罗科菲耶夫出生在今日的乌克兰。他是个神童，12 岁时就写了第一部歌剧。他在圣彼得堡音乐学院学习，师从里姆斯基—科萨科夫。他是位钢琴大师也是作曲家，于 1917 年革命时离开了前苏联，在国外生活直到 1932 年。这些年里他访问过美国，但主要住在巴黎并创作反浪漫主义音乐。然后他回到俄罗斯，并终其一生住在那里。他在各地的音乐界中都是位巨匠，在国内断断续续受到巨匠般的尊崇。

除了战争作品外，普罗科菲耶夫的音乐还表现出讽刺、奇想、喜剧和笑声。他认为旋律是音乐中最重要的方面，但不是他所说的"廉价的、过分甜腻和模仿的旋律"。有时他的旋律比 19 世纪作曲家的旋律更难于寻找。几十年来普罗科菲耶夫是前苏联音乐界的主要人物。

在圣彼得堡音乐学院期间，普罗科菲耶夫被教授们公认为有天分的学生，并以最露骨的不协和音震惊全系。这些早期作品包括一首钢琴奏鸣

曲、一首钢琴练习曲、一首钢琴协奏曲和一部歌剧，这是叛逆青年普罗科菲耶夫的不协和音达到最高时期。在经过 10 年学习之后，他于 1914 年 23 岁时以优异成绩毕业。

音乐学院的作曲教授里亚多夫总是对惹恼了他的学生说："也许应该是你们教我，而不是我教你们。我不懂你们为什么到我这里来。你们去找理查·施特劳斯或德彪西吧！"根据俄国人当时对这两个人的普遍看法，这无异于是在说，"见鬼去吧！"关于普罗科菲耶夫，这位博学的教授会加上一句："他自己会慢慢摆脱掉那些胡言乱语的。"他的确做到了这点。

20 世纪的作曲家很少像普罗科菲耶夫那样创作出那么令人喜爱的音乐会作品。他最著名的管弦乐作品是他的《第一号交响曲》《第五号交响曲》《第六号交响曲》《第三号钢琴协奏曲》《第一号小提琴协奏曲》和为俄国电影《基杰中尉》作的配乐。其他深受喜爱的作品包括为同名电影写的《亚历山大·涅夫斯基》清唱剧；两部歌剧《三只橘子之恋》和《战争与和平》；几部芭蕾舞剧包括《钢铁时代》《浪子》《罗密欧与朱丽叶》和《灰姑娘》。另外还有 4 首交响曲，4 首钢琴协奏曲，2 首小提琴协奏曲，不协和的《西古提组曲》，3 首小提琴和钢琴奏鸣曲，两首弦乐四重奏，10 首钢琴奏鸣曲，1 首《希伯来主题序曲》和其他许多作品。

在他所有作品中，大众最熟悉的也许是他为叙述者和管弦乐团所写的交响童话故事曲《彼得与狼》。每个角色都由一种乐器来表示，以便教孩子们辨认管弦乐的音色——彼得是由弦乐器来表示，他的祖父是巴松管，鸟是长笛，鸭子是双簧管，猫是竖笛，狼则是 3 支法国号。不管你喜不喜欢普罗科菲耶夫的作品，但是你一定会喜欢《彼得与狼》的。

普罗科菲耶夫音乐中有"故意的原始主义",这在 1914 年的交响曲《西古提组曲》和 1919 年的歌剧《三只橘子之恋》等早期作品中不难看出。无论是在革命前的早期还是后来在国外生活期间,"非正统"对他是个关键的词——非正统的和声、非正统的调性和非正统的旋律。

另类的音乐

1913 年,在参加了年轻作曲家普罗科菲耶夫毕业前的《第二号钢琴协奏曲》的演出后,一位评论家写道:"他在钢琴前就座,似乎是在挥去琴键上的灰尘或是在随便敲击高音或低音。他的按键方式急促、干巴巴的,听众感到迷惑不解。听得出不满意的低语声。有一对夫妇站起来朝出口处走去,'这种音乐简直要把你逼疯!'大厅里空荡荡。年轻艺术家最后用一阵铜管乐器无情的不协和音调结束了他的音乐会。听众哗然,大多数人发出嘘声。普罗科菲耶夫嘲弄似的鞠了躬,又重新坐下,再演奏一次。听众们逃到出口处叫道:'该死的这些未来派音乐!我们是到这里来享受的。屋顶上的猫叫也比这种音乐好!'同时,着了迷的激进分子则尽量高呼把它们压下去:'这是一个天才的作品!……多么清新,多么新鲜!……多么有气质!何等地不同凡响!'"

普罗科菲耶夫的音乐听起来与浪漫主义的音乐不同,因为他无视指导

旋律、节奏及和声的老规则，而旨在追求各种程度的不协和音。他知道他有些作品会被同时代人视为野蛮，当然他自己丝毫并不认为是野蛮，事实并非如此。《纽约时报》一个评论员说他是"一切丑恶情绪（仇恨、轻蔑、狂怒、厌恶、失望、嘲弄、藐视）的心理学家"；他也是"原始"和"怪诞的"。

普罗科菲耶夫和肖斯塔科维奇是前苏联无产阶级音乐的领袖。他在1925—1926年间写的芭蕾音乐《钢铁时代》歌颂了俄国的工业发展、城市生活、机械化社会，充满了工厂噪音和机器节奏。回国后，他最好的音乐是为两部前苏联影片所作的配乐：《基杰中尉》和《亚历山大·涅夫斯基》。《基杰中尉》是讽刺沙皇制度的愚蠢；《亚历山大·涅夫斯基》描写了俄罗斯人民战胜了国外的入侵军队。

第二次世界大战期间，普罗科菲耶夫在前苏联并未发挥机智与讽刺才能。在关于战争的音乐中，他写了《列宁格勒》钢琴奏鸣曲和《第五号交响曲》。它表现了两幅画面；一幅是战争的悲剧和破坏，然后是信念和希望。普罗科菲耶夫生前被称为"布尔什维克钢琴家"和"钢铁时代的人"，他的作品被称为"复音音乐不协和音的巅峰"。但尽管不协和，他在1943年以《第七号钢琴奏鸣曲》荣获斯大林奖，这是他在纳粹入侵前苏联时为作战的前苏联人民而创作的。

◎ 普契尼

吉亚卡摩·普契尼（1858—1924年），意大利歌剧作曲家。普契尼出身音乐世家，但家境贫寒，早年丧父，从亡父的学生安杰罗尼学习音乐。10岁开始，普契尼当唱诗班歌童，14岁任教堂管风琴手。1880年入米兰音乐学院，1883年毕业。1884年创作第一部歌剧《群妖围舞》，其后一直致力于歌剧创作。普契尼的成名作是1893年发表的《曼侬·列斯科》。

普契尼的创作有真实主义倾向，多取材于下层市民生活，表现

普契尼

了资产阶级知识分子对他们的同情，但有时对中下层人们精神世界的反映缺乏更深刻的社会思想。其音乐语言丰富、旋律优美明媚，具有极强的歌唱性，配器与和声技术高超。剧情遵循"有趣、惊人、动人"的原则，善于驾驭舞台戏剧效果。其他作品还有《艺术家的生涯》《托斯卡》《蝴蝶

夫人》《西方女郎》《图兰朵》等。

普契尼的精品剧作

普契尼是 19 世纪末至欧战前真实主义歌剧流派的代表人物之一。这一流派追求题材真实，感情鲜明，戏剧效果惊人而优于浪漫主义作品。普契尼的音乐中吸收话剧式的对话手法，注意不以歌唱阻碍剧情的展开，除直接采用各国民歌外，还善于使用新手法。三幕歌剧《托斯卡》1900 年 1 月 24 日初演于意大利罗马，是普契尼最著名的四部歌剧代表作之一。

《托斯卡》的剧情为：1800 年，罗马画家马里奥·卡伐拉多西因掩护政治犯安格洛蒂脱逃而被捕受刑，歌剧女演员托斯卡正热恋着他。警察总监斯卡皮亚以处死马里奥来胁迫托斯卡委身于他。托斯卡被迫假意允从，警察总监则答应搞一次假处决使马里奥获得自由，托斯卡在拿到警察总监签发的离境通行证后，趁其不备，刺死了他。黎明时，马里奥被带往刑场，托斯卡告诉他这只是假处决。谁料这是警察总监要的花招，马里奥真的被处决。她刺死总监之事也已暴露，终于跳墙自杀。歌剧揭露了统治者的虚伪、贪婪和奸诈，歌颂了被压迫者的高尚情操。

《托斯卡》剧中的咏叹调十分著名。这里选用的是托斯卡的咏叹调《为艺术，为爱情》和卡伐拉多西的咏叹调《星光灿烂》。其中《星光灿烂》是剧中最著名的咏叹调，是卡伐拉多西在第三幕中所唱。黎明，他走上刑台，即将被处决。远远望见梵蒂冈和圣·保罗大教堂，天空清亮，星光闪烁，一道暗淡的光线预示着黎明的到来。卡伐拉多西深情唱道："……甜蜜的亲吻，和那多情的拥抱，使我多么惊慌，她面纱下美丽的面容和身材……"作者把最丰富的感情融汇于完美的形式中，使这首咏叹调永传后世。

普契尼的两幕歌剧《蝴蝶夫人》在 1904 年 2 月 17 日初演于米兰，剧情取材于美国作家的同名小说。歌剧描写的巧巧桑（蝴蝶姑娘）是一位天真、纯洁、活泼的日本姑娘，他为了爱情而背弃了宗教信仰，嫁给了美国海军上尉平克尔顿。婚后不久，平克尔顿返回美国，三年杳无音信。巧巧桑深信他会回来，但平克尔顿回国后另有新欢。当他偕美国夫人回日本时，悲剧终于发生了。巧巧桑交出了孩子，刎颈自尽了。这是一部抒情性的悲剧，通过一个纯真、美丽的姑娘的悲惨命运，对自私自利、损人利己的资产阶级世界观进行了批判。普契尼在音乐创作中直接采用了《江户日本桥》《越后狮子》《樱花》等日本民歌来刻画蝴蝶夫人的艺妓身份和天真的心理。

《啊，明朗的一天》是这部作品中最著名的一首曲子，是蝴蝶夫人在第二幕中所唱的一首咏叹调。平克尔顿回国后，女仆认为他不会回来，但忠于爱情的蝴蝶夫人却不停地幻想着在一个晴朗的早晨，平克尔顿乘军舰归来的幸福时刻。她面对着大海，唱出了著名的咏叹调《啊，明朗的一天》。普契尼在这里运用了朗诵式的旋律，细致地刻画了蝴蝶夫人内心深处对幸福的向往。音乐近似说白，形象生动地揭示了蝴蝶夫人盼望丈夫回

来的迫切心情。

《艺术家的生涯》又名《波西米亚人》《绣花女》。1896年2月1日由托斯卡尼尼指挥首演于意大利都灵。剧情为：诗人鲁道尔夫、画家马彻罗、音乐家索那和哲学家科林共同居住在巴黎一所破陋的阁楼上，生活虽然贫苦，但充满自信。一天，鲁道尔夫在家巧遇绣花女咪咪，一见钟情，把她带到朋友们正在聚餐的酒馆中。马彻罗过去的情人牟塞带来了一个倾倒于她的老头儿阿尔桑多尔，但想和马彻罗言归于好，就设法把阿尔桑多尔支开，投入了马彻罗的怀抱。数月后，两人的感情又日趋恶化，而咪咪和鲁道尔夫之间的爱情，也濒于破裂。咪咪得了严重的肺病，当她来和鲁道尔夫见最后一面时，又重新和好起来，并计划着将来的一切。但咪咪终于病重死去，鲁道尔夫悲痛欲绝。牟塞和马彻罗因此深有所感，重新结合起来。全剧有许多动人而且富于戏剧性的唱段。如第一幕，咪咪的娇美迷住了青年诗人鲁道尔夫的心，他唱起动人的咏叹调《冰凉的小手》，接着咪咪以天真活泼而又深情的曲调唱出《人们叫我咪咪》，表现了她初恋时的愉悦心情。这两首咏叹调是整部歌剧中最著名的两个唱段。

普契尼的最后一部歌剧《图兰朵》取材于戈齐的神话剧，在这部作品里他坚持了创作的现实主义原则，摆脱了原著的象征性，使全剧充满生活气息，人物都是富有激情的活生生的人。他在这里一反过去常采取的抒情室内风格，恢复了几乎被人忘却的意大利的正歌剧风格，有雄伟的合唱、辉煌的独唱段落、丰富多彩的音响效果等。由于戏剧的背景是古代中国，采用了中国民歌《茉莉花》的曲调，但其他方面并无中国特色。他在剧中

广泛运用了欧洲的古调式,有些表现性强的场面,运用现代和声,形成不协和的多调性结合。可惜写到第三幕时普契尼因病逝世,剩下的部分由他的学生阿尔法诺根据他的草稿完成。1926年4月,当《图兰朵》在著名的斯卡拉歌剧院首演,获得巨大成功。

◎ 拉威尔

拉威尔（1875—1937 年），杰出的法国作曲家，1875 年 3 月 7 日出生在比利牛斯山谷靠边境的一个小城西布恩。拉威尔对作曲十分热心，最早写的两首钢琴曲《古风小步舞曲》以及《百闻的景色》中的《哈巴涅拉》，已经显示出他的个性。1932 年，拉威尔遭到一场车祸，头部受伤，不久出现偏瘫的征兆。1937 年 12 月 19 日拉威尔做脑手术无效，于 28 日凌晨在医院去世。他的代表作品有歌剧《达芙妮

拉威尔

与克罗埃》，芭蕾舞剧《鹅妈妈》，小提琴曲《茨冈》和管弦乐曲《波莱罗舞曲》。

法国音乐家拉威尔

拉威尔的父亲是个有瑞士血统的法国工程师，曾应聘去西班牙搞铁路建设，在那里认识了一位西班牙巴斯克地区的姑娘马丽·德劳特，他们结成夫妇。小拉威尔出生才几个月，全家就迁往了巴黎。三年后，小拉威尔添了弟弟爱德华。父亲爱好音乐，想培养两个儿子成音乐家，结果只有拉威尔走上了这条通路。

拉威尔七岁开始学钢琴，进步很快，14 岁考入巴黎音乐院钢琴预科，两年后升入贝里奥老师的钢琴班并同佩萨尔学习和声。在班上结识了与他同岁的西班牙学生瑞卡多·维涅，他深深羡慕维涅卓越的钢琴演奏技巧，曾狂热地苦练以求赶上，但由于常常被懒散的情绪支配，这种兴之所至的热情未能得到预期的效果。自此维涅成了他的终身好友，总是热情地演奏他的新作。

刚进音乐院不久，拉威尔就受到象征主义诗歌的影响，喜爱波德莱尔、马拉美的诗歌和爱伦·坡的作品。1889 年在巴黎举行的国际博览会上演出的里姆斯基·科萨柯夫绚丽的管弦乐作品和爪哇加美朗乐队演奏的东方音乐，深深吸引了这位十四岁的音乐院学生。后来，他又接触到法国作曲家夏勃里埃尔色彩性的和声，以及艾立克·萨蒂的新奇怪诞的音乐思想

和音乐创作。

拉威尔总是孜孜不倦地为参加音乐院每年举行的比赛而努力。1901年，他决定参加罗马奖的竞赛。罗马奖是法国政府为奖励绘画、雕塑、版画、建筑与音乐等艺术领域的优秀人才而设。通过考试，获罗马大奖者可到设在罗马的梅迪奇庄园去进修三年。自1803年设音乐奖以来，柏辽兹、古诺、比才、德彪西等音乐家都曾享受这一待遇。但在这一年的此赛中，拉威尔仅获第二名。老师福莱深信他是可以拿到大奖的，劝他第二年再作尝试。出人意外的是，第二年他又失败了。1903年再次落选，福莱大为震惊。

1905年，拉威尔已快超过罗马奖竞赛者的年龄限制，决定再作一次尝试。此时，他已发表过《古风小步舞曲》《为悼念一位夭折的公主而写的帕凡舞曲》《水的嬉戏》等作品。在考罗马奖的那几年，他又创作了《F大调弦乐四重奏》和《小奏鸣曲》，已是个名扬全国甚至欧洲大陆的青年作曲家。然而他却又一次名落孙山，在预选中就被淘汰。为此，全法国进步的音乐家纷纷表示反对，报纸和知识界也为他鸣不平。这一事件酿成一场社会风波，迫使音乐院院长泰奥尔·杜布瓦辞职，由福莱接替他的职务。

20世纪初，巴黎的艺术生活十分活跃，蒙马台区和拉下区住着许多不满现实的青年艺术家。拉威尔亦与一批艺术上反对保守势力、追求标新立异的艺术家结为朋友，他们自称"捣乱分子协会"，成员有作曲家弗洛朗·施密特、莫里斯·德拉日、安德烈·卡普莱、卡尔伏科瑞西以及西班牙作曲家德·法亚、钢琴家瑞卡多·维涅。他们常常在画家索尔

德的画室里就艺术、音乐、文学和政治进行长时间的、认真的讨论，彻夜地弹琴、喧闹，使周围的邻居不得安宁。拉威尔的钢琴组曲《镜》就是题献给这个协会的会员的。1908年他的《西班牙狂想曲》在音乐会上首演，"捣乱分子"们全部出动为之助威，生怕这部作品得不到公正的待遇。实际上，拉威尔总是温文尔雅，被人称为"地地道道的波特莱尔式的公子哥儿。"

德彪西的歌剧《佩列阿斯与梅雨桑德》于1902年在巴黎上演，它使拉威尔深受感动，这时，两位作曲家才初次会面。1903年拉威尔写了三首管弦乐伴奏的歌曲，可看到德彪西对他的影响。有的评论家认为他是德彪西忠实的后继者，同样追求色彩性的音乐效果。

1905年以后是拉威尔主要的创作时期，产生了《鹅妈妈》组曲，《夜之幽灵》及喜歌剧《西班牙时光》等。1909年，俄罗斯芭蕾舞团风靡巴黎，给拉威尔极深的印象。他在舞蹈家特鲁哈诺娃的请求下，编成一部情节类似《茶花女》的芭蕾舞剧《阿德莱德或花的语言》，轰动一时。

第一次世界大战也波及到这位音乐家，他入伍当兵，在军中任货车驾驶员。战争对他是一场可怕的经历，他逐渐对帝国主义的嗜杀深恶痛绝，感到德、法两国人民卷入这场战争是毫无意义的，因而不顾舆论的指责，拒绝签名支持一个旨在阻止法国演出德国音乐的组织。1917年他的母亲去世，更使他陷入了严重的沮丧之中，健康急剧恶化，于这年夏天退役。

大战对拉威尔的影响在停战后久不消失，他失眠，不时情绪低落。悼念战死友人的《库泊兰之墓》，花了两年的时间才完成。为换一下环境，

他移居乡下。此时，他还将许多时间用于旅行演出，几乎访问了欧美各国。后在离巴黎不远的风景如画的蒙伏拉莫瑞村找到一所小别墅，在那里专心作曲，过着恬静平淡的生活。创作了《孩子与魔法》《小提琴奏鸣曲》《茨冈狂想曲》《波莱罗》及两部钢琴协奏曲。

◎ 格里格

　　爱德华·格里格（1843—1907
年），挪威作曲家，19 世纪下半叶
挪威民族乐派代表人物。1843 年 6
月 15 日生于卑尔根的商人家庭，
1907 年 9 月 4 日卒于同地。格里格
6 岁随母学钢琴，得到音乐的启蒙
教育。经著名小提琴家布尔推荐，
1858—1862 年格里格在莱比锡音乐
学院学习。1863—1866 年，格里格
在丹麦首都哥本哈根活动，与挪威
民族音乐的倡导者音乐家诺拉克等
人共创"尤特皮"音乐社，创作并
介绍斯堪的纳维亚国家的民族
音乐。

格里格

　　回国后，格里格为建立挪威民族乐派积极展开音乐活动。1871 年他创
立克里斯蒂安尼亚音乐协会，曾任该协会爱乐乐团和卑尔根"和谐"合唱
团指挥，并多次到英、法、德、意等国举行作品音乐会。1874 年格里格被

政府授予终身年俸，1890 年被选为法兰西艺术院院士，曾先后获英国剑桥大学和牛津大学授予的音乐名誉博士衔。逝世时，挪威政府为他举行了国葬。德彪西认为他是一颗"用雪包住的粉红色糖果"。

挪威作曲家格里格

格里格一生经历了挪威民族独立运动高涨的年代，具有进步的民主爱国思想。他沿着布尔、诺拉克等人开创的道路，努力钻研民间音乐，作曲家林德曼搜集出版的《挪威山区民间曲调》《挪威民间叙事曲曲调》等集子，成为他创作的音调源泉。在创作实践中，他借鉴欧洲各国音乐传统，特别是 19 世纪以来浪漫主义音乐发展的成果，通过对民族历史的歌颂，对祖国大自然和民间生活的艺术感受，创作出具有挪威民族特色和浓厚乡土气息的音乐。

格里格创作的主要是钢琴抒情小品和声乐作品。如歌曲《来自祖国》，以淳朴的民间曲调，表达了对祖国真挚的感情，钢琴曲《祖国之歌》，以古挪威民间叙事歌的庄严风格，赞颂了民族历史的光荣，诗人比昂松特为此曲配上《前进！这是我们先辈们的战斗呼唤》的诗篇，借颂扬祖先的业绩，为现实的民族独立斗争呐喊。在合唱《水手之歌》《乡土在望》和许多民族题材的作品里，都以鲜明的民族情调表达了维护民族尊严和争取独立的愿望，适应了当时挪威历史发展的潮流，具有一定的历史进步意义。

　　在格里格的创作题材中，最突出的是以音乐表现了北国挪威壮丽、俊秀的自然风貌，农村山区的民间生活和童话传说中的奇幻形象。如以民间歌曲、舞曲为素材写的钢琴曲《挪威民间生活素描》《挪威农民舞曲》等，特别是最能代表他的创作特点的钢琴抒情小品。在这些作品里，通过民间音调和精雕细刻的艺术提炼，借景物抒情，把挪威的大自然和民间生活乃至神话世界，都描绘成一幅幅色彩瑰丽、风格质朴的音乐水彩画。其中，出色地再现了挪威民间节日和农村婚礼的欢乐场面，响彻着典型的挪威民间舞曲哈林、斯普林的热情奔放和活泼的旋律，艺术地模拟出西部峡湾地区民间提琴手拉奏的五度和弦音响和山区牧民的牧牛歌调，也生动地刻画了民间童话里的诸如山妖、风精、侏儒等奇幻形象。

　　在许多以个人精神生活为题材的抒情歌曲里，格里格表达了人生的悲欢离合之情，歌颂了爱情、母爱和友谊，为"消逝的日子"写过叹惜的哀调，为"孤独的流浪汉"唱出了同情的短歌。如在《我爱你》《茅舍》《游吟艺人之歌》《母亲的忧伤》等形象单一并具有随笔性的浪漫抒情歌曲里，他着力于细腻的心理刻画和独具一格的艺术意境，笔调简洁，形象真切，渗透着强烈的挪威民族的浪漫主义感情色彩，具有动人的艺术魅力。

　　1874—1875 年间，格里格为易卜生的幻想诗剧《彼尔·金特》写过2段音乐，后来选出8首重新配器，分别编为两部管弦乐组曲，成为脍炙人口的世界名曲。戏剧原著采用挪威民间传说，通过青年农民彼尔所经历的光怪陆离的冒险生活（如战胜山魔、掠财致富、异国漫游等），嘲讽了追求权力与金钱的私欲，讴歌了淳朴、自然的生活理想。格里格还为戏剧写了一系列充满诗情画意、色调丰富的配乐。如《晨景》中音乐如一股凉爽的清泉，在一片安逸的田园气氛中，衬托着太阳破云而出的晨曦美景，颤

动着生机勃勃的大自然脉动；《山魔的大厅》中那种狂暴粗野、咄咄逼人的音乐给人难忘的怪诞印象；《奥塞之死》是彼尔在弥留的母亲床前的挽歌，忧伤的旋律如长眠前最后的呼吸和生命的慢慢衰亡；而《索尔维格之歌》则是全部配乐中的杰作，它以晶莹透彻婀娜多姿的民歌风格，刻画了索尔维格温顺、纯洁的性格和心灵。此外，在一些充满异国情调的音乐片断里，如具有典型东方特色的《阿拉伯舞曲》，既文雅轻盈又热情奔放的《阿尼特拉舞曲》，都由于绚丽多彩的配器色调而独具魅力。

格里格的具有卓越艺术成就和民族特点的作品，还有早期创作的《a小调钢琴协奏曲》，弦乐曲《创伤》和《晚春》，G大调《第二小提琴奏鸣曲》，c小调《第三小提琴奏鸣曲》《e小调钢琴奏鸣曲》以及《霍尔堡康塔塔》和钢琴组曲《霍尔堡时代》等，这些作品都体现了格里格在钢琴抒情小品里的思想情趣和清新的格调。格里格的目标是创造一种民族的音乐形式，充分表达挪威人民的个性，他的音乐早已超越了国界。

◎ 肖斯塔科维奇

肖斯塔科维奇（1906—1975年），前苏联最重要的作曲家之一。1906年9月25日，肖斯塔科维奇生于圣彼得堡，他的父亲是化学工程师，母亲是位优秀的钢琴家，也是肖斯塔科维奇学习音乐的启蒙老师。肖斯塔科维奇9岁开始跟母亲学习钢琴。11岁时开始创作。早期作品如《自由颂》《纪念革命烈士的葬礼进行曲》《十月献礼》等都是紧扣当时的社会背景。

肖斯塔科维奇

1937年10月21日，肖斯塔科维奇在列宁格勒第一次演奏他的《d小调第五交响曲》，标志着他的创作进入成熟时期。这时他为《马克辛的归来》《沃洛恰耶夫的日子》《革命摇篮维堡区》《伟大的公民》《带枪的人》等电影配乐。前苏联卫国战争爆发时，肖斯塔科维奇成为一名优秀的消防队员，完成《第七交响曲》。战争将要结束时，《第八交响曲》于1944年4月2日在美国初演。

在捷克斯洛伐克，人们把他的《第八交响曲》与伏契克的《绞刑架下的报告》称为姊妹篇。战后，肖斯塔科维奇创作了《第十交响曲》，清唱剧《森林之歌》和电影音乐《易北河会师》等。他的音乐语言极为复杂，电影音乐和歌曲的风格纯朴、明朗、清澈。肖斯塔科维奇的主要电影音乐有《孤独》《愚蠢的小老鼠的故事》《科金基娜历险记》《丹娘》《孤身一人》《青年近卫军》《米丘林》《攻克柏林》《大河之歌》《牛虻》《一年如一生》《李尔王》等。1975 年 8 月 9 日，肖斯塔科维奇在莫斯科逝世。

肖斯塔科维奇音乐年谱

肖斯塔科维奇 1906 年出生于圣彼得堡，1919 年入列宁格勒音乐学院，1925 年毕业。19 岁时肖斯塔科维奇创作《第一号交响曲》，1927 年创作《第二号交响曲》，又名《十月》，是为庆祝十月革命 10 周年而作。1929 年创作《第三号交响曲》，为纪念"五一"而作。肖斯塔科维奇称《第二号》和《第三号交响曲》为"苏维埃论文"。

20 世纪 20 年代后期肖斯塔科维奇创作歌剧《鼻子》，讽刺政府。20 世纪 20 年代末至 30 年代初创作了三首芭蕾音乐，即《黄金时代》《霹雳》和《明亮的小溪》。1934 年创作歌剧《姆钦斯克县的麦克白夫人》，1936 年克里姆林宫严厉抨击《麦克白夫人》。《真理报》称它为"大吵大闹而不是音乐……粗糙、原始、庸俗。他把多种声音综合在一起以取悦形式主义者与唯美主义者，他们已失去高雅的鉴赏能力。音乐在撕裂、咕噜、咆哮、窒息中而死。"

1937 年，肖斯塔科维奇创作《第五号交响曲》，一般被认为是他的"深刻、情感丰富和极为重要"的作品。1939 年创作《第六号交响曲》，1941—1942 年创作《第七号交响曲》，当时纳粹军队正入侵前苏联，列宁格勒为生存而战。作曲家把交响曲献给"我们的反法西斯战斗，献给我们未来的胜利，献给我出生的城市。"它为肖斯塔科维奇再度获得斯大林奖，并在纳粹未占领的世界各地演奏，大受欢呼。

1943 年肖斯塔科维奇创作《第八号交响曲》，今天对它的评价是"纪念碑似的"。1945 年创作《第九号交响曲》，1949 年创作《森林之歌》，赞颂了斯大林的造林计划。同年创作《攻克柏林》。1950 年，肖斯塔科维奇第三次获斯大林奖。1953 年创作了《e 小调第十号交响曲》，这是《森林之歌》改编的交响曲。1966 年获得苏联英雄称号，这是最高的荣誉，他是第一位获得这个荣誉的音乐家。

和其他许多作曲家的情况一样，肖斯塔科维奇在他一生中并非把多种声音糅合在一起和"吵闹与咆哮"。有些评论家认为毫无吵闹与咆哮的最优美作品是他的室内乐，包括 15 首弦乐四重奏和 1940 年的古典风格的《g 小调钢琴五重奏》。他的芭蕾音乐《黄金时代》是对腐朽资本主义的讽刺，曾被认为充满活力但却喧闹庸俗。

肖斯塔科维奇曾说："当我们回顾我国走过的艺术道路时，清楚地看到，每当党纠正创造性艺术家的错误，指出他工作中的偏差，或是严厉谴责前苏联艺术中某种倾向时，它总是对前苏联艺术和艺术家产生了有益的结果……我现在能清楚地看到我高估了自己艺术创作的彻底性：我音乐思

想中特有的某些消极特点，妨碍我做出在近年一些作品中似乎已指出的转变……我知道党是正确的……中央委员会极其明确地肯定地指出我作品中没有对民间艺术进行艺术处理，而民间艺术是人民赖以生存的精神……我将不断努力从思想主题、音乐语言和形式的观点创作出贴近人民精神的交响曲作品。"

◎ 斯美塔那

斯美塔那（1824—1884 年），捷克作曲家、钢琴家和指挥家。斯美塔那被誉为"新捷克音乐之父"，是捷克民族乐派的奠基人。1824 年3 月2 日，斯美塔那出生于捷克一个小镇的酒坊主家庭，自幼热爱音乐，熟悉民间音乐，喜欢钻研音乐大师作品。他的早期作品深受古典大师们的影响，后来结识了李斯特和柏辽兹，逐步摆脱西欧传统古典音乐的束缚，走上民族音乐的道路。1856 年斯美塔那担任哥德堡交响乐团指挥，1866 年完成《被出卖的新娘》，成为斯美塔那的代表作。

斯美塔那

斯美塔那将捷克将民间音乐素养融入在自己的作品中，极少直接采用民歌主题，却处处充满了浓郁的捷克民族音乐的风格及意味，是一位具有强烈爱国精神的作曲家。1874 年，斯美塔那又写了三部民族题材的歌剧

后，因患梅毒导致突然耳聋。他从各方面歌颂了他的祖国美丽的河山和祖国的苦难、传奇的过去，并展望光辉灿烂的未来，其中《伏尔塔瓦河》更是名扬于世。

交响诗套曲《我的祖国》是斯美塔那的标题交响音乐的代表作。斯美塔那在继承李斯特首创的单乐章交响诗体裁的前提下，通过统一的构思和主题贯穿的手段，创造性地将六首各自独立的交响诗有机地衔接起来，形成新的"交响诗套曲"结构，具有鲜明的民族性格特征并充满了生活气息和乐观的爱国主义的精神，传达了当时人民的情感和思想，使他成为捷克当之无愧的"音乐奠基人"。1884年5月12日，斯美塔那因梅毒逝世于布拉格。

新捷克音乐之父

斯美塔那从四岁开始学小提琴、钢琴，六岁公开表演。1843年中学毕业后到布拉格专攻音乐，这时斯美塔那已开始形成具有捷克民族特性的音乐创作风格。1848年，捷克掀起了反对奥地利哈布斯堡王朝争取自由独立的革命运动，他积极投身这一运动并创作了一批有意义的作品，同年八月创办了布拉格音乐学校。随着时间的流逝，斯美塔那成为一名民族主义爱国人士，当上了教师，成了作曲家、钢琴演奏家和指挥，为现代波西米亚音乐奠定了基础。他创作了《被出卖的新娘》这部最著名的捷克歌剧和由六首充满捷克民族韵味的交响诗组成的大型联篇交响诗，其中《伏尔塔瓦河》成为脍炙人口的古典乐曲之一。他热爱捷克的历史、传说和民间音乐，是所有未来捷克作曲家的"指路明灯"。

1855 年到 1861 年斯美塔那被迫流亡于瑞典的海德堡城，在那里他参与了多种音乐活动，获得很高的声誉。但是事业和成就都未能减少作曲家对祖国的怀念，他终于在 1861 年夏天回到了祖国，以作曲家、指挥家、钢琴演奏家、教师、评论家、音乐活动组织者的身份活跃在捷克乐坛上，成为公认的捷克音乐的领导者。1874 年斯美塔那开始患耳聋，但仍顽强地为捷克民族音乐的发展而努力。

斯美塔那是一位小旅馆老板的独子，其父作为业余音乐家，鼓励儿子学习小提琴和钢琴，但只是为了娱乐而已，不主张儿子从事创作。因为他深深感到，酿酒业赚钱容易，前途比从事音乐要美好。如今所有善良的捷克人都很高兴，年轻的斯美塔那当时坚持了自己的志趣。而感到不快的有纳粹分子，他们在第二次世界大战占领捷克斯洛伐克期间取缔了斯美塔那的爱国音乐。

斯美塔那既是作曲家，又是音乐评论家，曾为布拉格日报《人民报》撰稿，但他并不满意所在城市的音乐生活。他写道："我国首都的公众音乐生活和活动与国外大城市相比，简直是天壤之别。"必须为此做点什么，因此他投入了毕生的精力。至于最想追求哪种音乐，他没有丝毫疑问，那就是捷克音乐。他在离开波西米亚一段时间后曾写道："何时才能再次见到无比可爱的群山？那将是一种什么样的感情？我离开它们之后，这种怀乡之情始终萦绕在我的心头。再见，亲爱的祖国，我那美丽和无比伟大的祖国。我愿永远歇息在你的土地上，这块令我感到神圣的土地上。"他的

交响诗和歌剧充满了这种民族情感，同时又带有李斯特和瓦格纳的"新的"精神，反瓦格纳派抨击他，但他的音乐成了国乐，尤其是在 1918 年独立的捷克斯洛伐克诞生之后。

斯美塔那真正得到艺术世界的承认，却在若干年之后，而其中的转折点则是 1848 年的革命事件。当 1848 年革命爆发时，斯美塔那在这如火如荼的革命现实直接影响之下，在很短的时间内创作出一系列反映这一伟大事变的作品，包括《两首革命进行曲》《民族近卫军进行曲》和《自由之歌》等。革命赋予斯美塔那以力量，帮助他意识到推动现实前进的思想与艺术的功用。

1856—1861 年间，斯美塔那的创作分两条路线发展：一方面，他继续早年创作钢琴曲的经验，又以充满诗意的捷克波尔卡舞曲形式写出了《回忆捷克》的钢琴套曲；另一方面，他创造性地运用李斯特所的交响诗体裁，写出了《理查三世》《华伦斯坦的阵营》和《雅尔·哈康》这三首交响诗。

1861 年春，斯美塔那回到布拉格，就此几乎不曾再离开过捷克的首都，他为 1862 年建立的"临时剧院"接连不断地写作歌剧，包括记述 13 世纪捷克人民抗击德国封建主这一史实的《勃兰登堡人在捷克》，反映捷克人民乐观精神的《被出卖的新娘》，借 15 世纪末的传奇以强调解放斗争思想的《达里波尔》和描写古捷克明智的女执政官的史诗以歌颂人民的不朽功业的《里布斯》。

斯美塔那的第一部歌剧《勃兰登堡人在捷克》写出后过了三年才得以公开演出。1874 年，他新写的歌剧《二寡妇》受到的恶意攻击，使他的神经严重震荡，甚至酿成耳聋的惨剧，这对一个音乐家来说乃是最惨重的灾

难。其后他幽居乡间专心写作，在一生的最后十年当中写出他的划时代的交响诗集《我的祖国》《吻》《秘密》《秘密》《紫罗兰》和《薇奥拉》。1884 年 5 月 12 日，斯美塔那终于走完他一生的道路，死于布拉格精神病院，葬在维谢格拉德公墓的捷克名人祠中。

◎ 瓦格纳

瓦格纳（1813—1883年），著名音乐艺术家。1813年5月22日，瓦格纳出生在莱比锡的一个爱好艺术的警官家里，出生后不到半年父亲就去世。第二年夏天母亲就改嫁给一位多才多艺的戏剧演员盖雅尔，全家迁往德累斯顿。瓦格纳的继父在德累斯顿的一家剧院工作，幼年的瓦格纳经常陶醉在戏剧舞台之中。天长日久，在这位未来戏剧家的幼小心灵中渐渐地点燃了戏剧创作的火种。14岁时写出了一部长达五幕的大悲剧《莱巴尔德与阿德莱达》。

瓦格纳

使瓦格纳立志走上音乐道路的真正动力还是贝多芬的音乐。1828年，瓦格纳第一次听到了贝多芬的作品。充满热力而又富有进取精神的音乐使瓦格纳大为震惊，他第一次感到音乐的伟大，感到音乐中所蕴含的无穷力

量。1829 年，瓦格纳在莱比锡剧院观看了贝多芬的歌剧《费德里奥》。瓦格纳立志作曲，以贝多芬为指路明灯。1881 年春，瓦格纳赴柏林参加《众神的黄昏》的公演。1882 年，瓦格纳参加了《帕西法尔》的首演。

瓦格纳著名作品有《结婚》《仙妖》《爱情的禁令》《罗马的最后一个护民官》《漂泊的荷兰人》《纽伦堡的名歌手》《尼伯龙根的指环》《莱茵的黄金》《女武神》《众神的黄昏》《齐格菲的牧歌》《韦森东克之歌》，及艺术论著《艺术与革命》《未来的艺术作品》《歌剧与戏剧》等。1883 年 2 月 13 日瓦格纳在威尼斯逝世。

音乐狂人瓦格纳

瓦格纳反犹太主义，反天主教，敌视法国。为了使自己能够成为一名真正的音乐家，瓦格纳于 1831 年随托马斯教堂的音乐家梯沃多·魏利格学习和声、对位。如饥似渴的求知欲，促使他在非常短的时期内就掌握了这些理论，并且用之于实践。1832 年，瓦格纳创作了《C 大调交响曲》。紧接而来的机遇，又使他在音乐的道路上出现新的转变。

1833 年，瓦格纳应威尔茨堡剧院的邀请，担任了该剧院的合唱指挥。不久又先后在柯尼斯堡和里加歌剧院担任指挥。这使他有机会广泛地接触各种各样的歌剧作品，并通过演出实践，逐渐地摸索到歌剧艺术的特殊规律和当时流行的不同流派歌剧的艺术风格。歌剧院的工作，使瓦格纳获得丰

富的实践经验。他不但提高了指挥能力，而且在歌剧创作上也积累了大量的感性知识。在此期间他写了两部歌剧：《女奴》和《恋禁》。尽管这两部作品还比较幼稚，但它们却打开了瓦格纳毕生从事的歌剧创作的大门。在柯尼堡剧院工作期间，瓦格纳与女歌剧家米娜·普兰纳结成夫妻。

1839 年瓦格纳来到巴黎。巴黎是当时欧洲文化的中心之一，瓦格纳久已仰慕这块土地，并希望能在这里施展自己的艺术才能。但事与愿违，他完全被人才济济的"海洋"所湮没了。瓦格纳没有获得上演自己作品的权利，只能以抄谱来糊口求生。在巴黎的三年，是瓦格纳一生中最贫困的时期。他曾因鞋底破洞，买不起新鞋而无法外出。他甚至连最便宜的剃刀也买不起，并常常饥肠辘辘。在他的自传《我的生涯》中，瓦格纳曾写过下面一段令人伤心的回忆："有一天，我走到贫乏的尖端。由于真的身无分文，很早我就奔出屋子，一直步行到巴黎。因为我根本没有钱可以买票坐车。我一直盼望着，即使能弄到五个法郎也是好的。于是我整天在巴黎街头游荡着，直到黄昏。最后我的使命还是落空，不能不照原来那样，再步行回到缪顿"。

贫困的生活和艰苦的环境并没有挫败瓦格纳的创作决心。他日以继夜地工作，在短短的三年时间中，以惊人的毅力写完了两部歌剧、一部序曲和数首歌曲。他广泛纳交社会上的文化名流，以此来开阔自己的艺术视野。1842 年初，德累斯顿歌剧院准备排演瓦格纳在巴黎完成的歌剧《黎恩济》。同年 4 月，《黎恩济》在德累斯顿剧院首演获得空前成功。瓦格纳一举成名，这使他生平第一次体验到物质上和精神上的满足。他的另外两部歌剧《漂泊的荷兰人》与《唐豪赛》也相继在该剧院上演。

1848 年，德国资产阶级革命的情势十分高涨，瓦格纳以极大的热情投

入这场革命。他在《人民报》上发表了题为《革命》的文章，把革命描写为伟大的女神："她乘着劲风，稚嫩的翅膀奔驰着，高高地昂着那被闪照着的头，右手持剑，左手持火炬，目光阴暗、冷淡而带怒气，但是对于那些敢于正视这黯淡的目光的人，它却发射出最纯洁的爱的光芒。"瓦格纳不但慷慨陈词，以笔墨投入革命，而且投身到战斗第一线。

瓦格纳参加了 1849 年 5 月发生在德累斯顿的一场街巷防御战。当时，炮火连天，形势十分危急。瓦格纳不顾生命安危，和战士们一起反击政府的军队。战斗期间，瓦格纳还冒着枪林弹雨在墙上和篱笆上张贴革命传单，并且还在克雷斯托夫塔上坚守了两昼夜。结果，革命遭到了镇压，瓦格纳也遭到了追捕。这样，瓦格纳不得不逃离德累斯顿。在魏玛，经李斯特的帮助，他获得了一份假造的护照，离开德国国境，逃往瑞士苏黎世。

1849 年秋天，瓦格纳来到苏黎世，从此开始了 12 年的流亡生活。当时，他没有固定的工资，靠朋友的资助和少量的其他收入来维持生活。但瓦格纳生性好挥霍，因此，到瑞士不到五年，他就背上了一万法郎的巨债。不久，瓦格纳应伦敦爱乐协会的邀请，到伦敦指挥演出了八场音乐会，一度收入非常微薄。这对负债累累的瓦格纳来说是一个很大的打击，他愤怒地把伦敦比作一座"地狱"。在国外最初的几年中，瓦格纳不但清贫困苦，而且病魔缠身。1852 年至 1855 年间，他先后染上疟疾和丹毒，这两次大病严重地摧残了瓦格纳的身体。

1852 年 2 月，瓦格纳在"大众音乐协会"组织的音乐会上指挥了贝多芬的作品，当时在场的威森东克夫妇听了瓦格纳指挥的作品后深受感动。他们醉心于瓦格纳的指挥艺术，通过一位德国逃亡律师认识了瓦格纳。奥图·威森东克是一位经营丝绸生意的大富翁，同时，他也是一位真正理解

艺术、富有理性的人物。为了帮助瓦格纳解脱当时的经济困境，财力雄厚的奥图·威森东克给了瓦格纳七千法郎的贷款，并在其他方面给予他许多无私的援助。1853年初，瓦格纳主办了为期三天的"苏黎世音乐节"，其中的大部分费用都由奥图负担。在生活上，奥图屡次支付瓦格纳休假旅行的费用，这使他能够在流亡期间开阔眼界。

瓦格纳还因为与玛蒂德·威森东克夫人的志同道合而获得精神上的安慰。玛蒂德是一位年轻美丽的女子，她具有较高的文化修养，对哲学、文学、音乐都有一定的见解。瓦格纳十分仰慕这位不寻常的女子，时常在黄昏五点到六点钟之间出现在玛蒂德的客厅里。因此，瓦格纳戏称自己为"黄昏客"。他把玛蒂德引为知己，经常和她在一起讨论艺术和人生。在共同的信念和艺术爱好的基础上，他们建立了日益深厚的友情。瓦格纳于1853年6月创作了一部《降E大调奏鸣曲》献给威森东克夫人，又在歌剧《女武神》前奏曲的扉页上写下"祝福玛蒂德"的字样作为该曲的献辞。瓦格纳与威森东克夫妇的关系一直保持了六年，他称这段时期为"鲜花盛开的日子"。

1858年4月，由于瓦格纳的妻子米娜私自拆阅了他给玛蒂德的一封信，而在威森东克家引起了一场风波。从此以后瓦格纳的处境十分为难，他忍受不住无休止的争吵，终于在8月17日离开威森东克夫妇的住地，迁居威尼斯。瓦格纳在威尼斯住了七个月。1859年夏末，当他完成了《特里斯坦与伊索尔德》的全部创作后，又离开了威尼斯，第二次来到巴黎。在巴黎期间，他为自己能够获得回国的许可而四处奔走。经过一年多的努力，瓦格纳终于重返祖国。

瓦林纳归国后不久，就来到莱茵河畔的比柏里赫着手创作歌剧《纽伦

堡的名歌手》。由于经济情况日益破落，他不得不在莱比锡、维也纳等大城市指挥音乐会，依靠微薄的收入来维持生活。1863 年，瓦格纳前往俄国举行音乐会，先后在彼得堡和莫斯科公演，演出获得极大成功，并得到一笔可观的收入。但是，他回国后不久又重新陷入困境，经济来源断绝，音乐会收入少得可怜，财产也被债主们没收。瓦格纳成了一个狼狈不堪的流浪者，生活几乎到了绝望的地步。他在日记上写道："我已经完了，我将从这个世界消失。"然而，就在这途穷日末之际，瓦格纳碰上了鸿运。

1864 年 5 月 4 日下午，瓦格纳被邀请到慕尼黑去见巴伐利亚国王路易二世。路易二世是瓦格纳音乐的热烈崇拜者，自从他在维也纳观赏了《罗恩格林》之后，就开始日夜渴望召见瓦格纳。有一天，宫廷秘书长问国王内心的愿望的是什么，国王竟然不假思索地回答说，他希望见到作曲家瓦格纳，并声称这是他一人生中最大的愿望。当瓦格纳出现在国王面前时，路易二世像遇到了久别重逢的故友，紧紧抱住瓦格纳说："像神那样了不起的瓦格纳兄弟呀！你是我许久以来一直寻找的人。我了解你的艺术。神圣的歌曲大师呀，我在我的心灵深处紧紧地跟你结合在一起呢！"路易二世对瓦格纳的一片痴情使瓦格纳获得了一生中从未有过的待遇。

遵照国王的意愿，瓦格纳住进了慕尼黑附近的一座别墅，这座别墅距斯坦贝格湖边的夏宫不远。国王帮助瓦格纳还清了所有的债，并满足他的一切需要。与路易二世的友谊，使瓦格纳从绝望的边缘一跃而起，成为畅通无阻的成功者。为了能安心创作，瓦格纳于 1866 年再次去瑞士，经过一年的努力终于完成了歌剧《纽伦堡的名歌手》的创作。1868 年 6 月 21 日这部歌剧在慕尼黑首演，由著名音乐家、瓦格纳的朋友彪罗担任指挥。路易二世出席初演仪式，并把瓦格纳请到自己的包厢里，并肩共赏这出歌剧

的初演。

　　这部歌剧上演结束后，瓦格纳就从慕尼黑回到瑞士。他在那里又度过了四年，一直到 1872 年，为了兴建拜雷特剧院才离开瑞士特里柏兴。兴建拜雷特剧院是瓦格纳后半生最重大的事件之一，它与瓦格纳毕生的事业紧紧地连在一起。瓦格纳在音乐史上是以歌剧艺术的改革者出现的，他以始终不渝的精神和百折不挠的力量为自己的艺术理想而奋斗。他反对当时意大利歌剧中常见的空洞的声乐技巧，也反对当时法国大歌剧那种表面效果的堆砌，而主张音乐应与戏剧有机地结合在一起，歌剧应该宣扬进步的社会理想。瓦格纳创立了一种新的艺术形式——音乐剧。

◎ 邓 肯

伊莎多拉·邓肯（1878—1927年），伟大的舞蹈家，现代舞派创始人。1878年5月27日生于加利福尼亚州，1927年逝世。从小学习芭蕾。曾去伦敦和巴黎演出，受古希腊瓶绘和雕塑艺术的影响，创立了与古典芭蕾相对立的自由舞蹈，其特点是动作自然、形式自由。她创新舞蹈的精神，强烈地影响了同时代的戏剧家、导演、画家、作曲家。邓肯的巨大贡献是开辟了抒情舞蹈的新领域。她运用当代或较早期的著名乐曲伴奏，主要作品有舞蹈《马赛曲》，贝多芬的《第七交响乐》，门德尔松的《春》和柴可夫斯基的《斯拉夫进行曲》等。

邓 肯

现代舞派创始人邓肯

邓肯的舞蹈被艺术家们赞美为"不是一种娱乐节目，而是一种个性的表现，是一种更有生命力的艺术品，它无比丰富，激励着我们努力实现自己命定要实现的事业"。罗丹则说她"不费吹灰之力，成就了雕刻艺术所欲表达的情感……生命和舞蹈在她身上已合而为一"。

邓肯开创了现代舞的新风格，提出了"心灵——舞蹈动作的原动力"、"舞蹈者的身体是灵魂的再现"的见解，对传统芭蕾进行大胆挑战。她创办了第一所舞蹈学校。

1878 年，伊莎多拉·邓肯出生在旧金山海边，一生下来就手舞足蹈。小时候，她的两个哥哥、一个姐姐常常带她到海滨去玩耍。无拘无束的生活，使她养成了活泼、好动、天真而又勇敢的性格。邓肯从小接受了艺术的熏陶。每到晚上，她或者坐在钢琴旁，听着母亲连续几个小时地弹奏乐曲，莫扎特、贝多芬、肖邦……听凭这些天才带着她神游音乐之乡；或者听母亲朗诵诗歌，莎士比亚的、雪莱的、拜伦的。音乐与诗歌的熏陶，启迪了她的智慧，开拓了她的视野，在她那幼小的心灵里，播下了艺术的种子。

清贫的童年并没使邓肯自卑，反而使她受到了锻炼。自由自在的生活，海滨的纵情幻想，给她的艺术天性带来了无穷的启示与灵感，海浪的

节奏使她对舞蹈的动作有了初步概念。她坚信，没有自由，就没有天才。她自称，生来就是个革命者和舞蹈家！但是，道路多坎坷。从旧金山到芝加哥，没有人接受邓肯的自由舞蹈。绝望之中，邓肯找到了共济会教堂屋顶花园的经理，违心地同意经理的要求：穿短裙，加点花边，还得甩开大腿，跳带着"刺激性的舞蹈"。

邓肯在《华盛顿邮车》的流行歌曲伴奏下，边跳边编，演出居然获得了很大的成功。眉开眼笑的经理付给疲乏饥饿、贫困潦倒的邓肯 50 美元的周薪，并提出续约与巡回演出。但是，邓肯拒绝了。这种靠色相取悦于观众的舞蹈，她极为厌恶，可是为了免于饿死，她被迫跳了违背心愿的舞蹈。这是第一次，也是最后一次。

从旧金山、芝加哥到纽约，满怀着理想的邓肯到处碰壁。偌大的美国竟没有找到她的一个知音！1896 年，她和她的母亲、哥哥坐了一艘运牲口的船离开了美国，来到了英国。面对悲惨的现实，邓肯没有悲观，没有气馁，而是满怀信心，保持着一种战斗者的激情。她准备去奋斗一番，到伦敦寻觅知音。可是她错了，伦敦有大英博物馆，有威斯敏斯特教堂，却没有邓肯演出的舞台！

他们走投无路，流浪街头。只是通过一个偶然的机会，邓肯一家人找到了进入伦敦上层社会的机会，脱离了颠沛流离的窘境。在伦敦美术馆的庭院里，邓肯的自由舞蹈，受到了伦敦的艺术家与知名人士的青睐。邓肯有了小小的名气，似乎有些时来运转。后来，邓肯来到巴黎，受到了法国著名雕塑家罗丹的赞赏。罗丹第一次看到邓肯的舞蹈，把她当作一尊塑像，一尊注入了灵感的塑像！邓肯感到由衷的幸福和自豪。邓肯更感幸运的是，她第一次看到一个伟大的艺术家在创作时的忘我情景，感受到了一

种灼热的、溶化人的心灵的创作热情。

在巴黎结交了罗丹与大画家欧仁·卡里埃尔以后，在浏览了伦敦与巴黎的艺术珍品后，邓肯越发感到要潜心研究舞蹈艺术的奥秘，要创作一种新的真正表明自然，反映人的灵魂的自由舞蹈！从此，邓肯开始了对艺术世界的探索。卢浮宫里的艺术品，凯旋门上的浮雕，罗丹馆里的杰作，以及伟大的日本悲剧舞蹈家贞儿重子的舞蹈，都深深吸引了她。

邓肯推崇古希腊的艺术，有一段时间，她整天整天地在卢浮宫内如醉如痴地欣赏希腊花瓶和浮雕，她因此被人讥笑为"大傻瓜"，但欧仁·卡里埃尔却赞扬邓肯"为了要表现人的情操，从希腊艺术中找到了最好的典范"，"她所想的是希腊的艺术，而表现的是她自己的东西"，"在瞬间为我们复活的希腊艺术珍品面前，我们也像她一样年轻了，一个崭新的希望在我们心中高奏凯歌"。为了追求崇高纯朴的古希腊艺术风格，邓肯和她的母亲、姐姐和哥哥，坐了一条小邮船，沿着荷马史诗中所提示的航线，穿越爱奥尼亚海，驶向希腊。

邓肯曾为美国现代舞的奠基人富勒的舞姿陶醉。洛伊·富勒独出心裁地创造了变幻莫测的色彩和飘荡无定的纱巾，使自己变成千百种光彩照人的形象，呈现在观众面前，使观众叹为观止。邓肯也大为赞叹，认为对于真正的舞蹈家，"在灵魂的作用下，人体实际上成为发光的肌体……，她的身体仅仅是灵魂的再现，她的身体随着内心感受到的音乐，带着一种来自另一种更深奥、渊博的世界的表情而翩翩起舞，这是真正的具有创造性的舞蹈家。"她自己为达到这种境界刻苦磨练，奋斗终生。

柏林的克罗尔剧院里，座无虚席，鸦雀无声。邓肯在这柏林第一流的歌剧院里，在第一流的乐队——爱乐乐队的伴奏下，在蓝色的帷幕前翩翩

起舞。她像春天，把爱，把激情，把欢乐撒向人间。当舞蹈戛然而止，邓肯像一尊塑像伫立在幕前的时候，整个剧场沸腾了。狂热的观众居然不顾身份冲到灯前大声呼喊："再来一个，再来一个!"

邓肯带着她的蓝天幕、她的图尼克（一种仿效古希腊风格的长衫），跳着她赤足的自由舞蹈，周游世界，风靡全球。尽管人们对她的舞蹈理论还不能理解，却很快接受了她的舞蹈。她的舞蹈有一种特殊的魅力，有一种难以描摹的美，闪烁着邓肯天才的光辉。她攻克了柏林，征服了维也纳，打破了传统芭蕾舞坛的局面。即使在传统芭蕾雄踞舞蹈的俄罗斯，她也不乏知音。

二十几年来，邓肯总是像波希米亚人一样跑来跑去，从欧洲到美洲，从北美到南美，她赤足的自由舞蹈风靡一时，深受观众欢迎。尽管人们对她裸露光滑发亮的皮肤以及赤足、光腿议论纷纷，争论这是否道德，邓肯则坚决按照自己的方式穿透明服装跳舞，并理直气壮地说："几年后，你们会看到少女们会仿效我……"不出她所料，透明衣裙已经成了时下的风尚。邓肯的艺术具有一股激浊扬清的力量，它洗刷了舞台上种种虚伪的传统，从胸衣、衬裙的荒谬束缚里，把肉体解放出来，舒展出自己的美。伊莎多拉·邓肯执著地追求，大胆地探索，克服重重障碍，开创了现代舞的新风格，成为舞蹈世界中一颗夺目的明星。

灵动的舞者

邓肯被誉为"现代舞蹈之母"，给墨守陈规的古典舞蹈世界带来了自由灵动。当伊莎多拉·邓肯带着她的波西米亚女性意识登上舞台，舞蹈的艺术注定将永远改变。虽有评论者瞧不起她舞姿的飘浮不定，她的左派立场也让她时遭诟病，但邓肯给墨守陈规的古典舞蹈世界注入的灵动却余韵悠长。

邓肯被称为"现代舞蹈之母"，但即便是芭蕾舞也曾受她的激进锐气所影响。从很多方面来看，她生活不幸，但是她留给后世的，并不是一种对困境与失败的感伤，而是一个有血有肉的独创者那生机勃勃的想象力。

19 世纪末的时代巨变给了邓肯辽阔的人生舞台。1877 年伊莎多拉·邓肯生于旧金山一户开明之家，成长中母亲是重要角色，她对音乐、文学和艺术的爱好令女儿受益匪浅。母亲靠教授钢琴课维生，而在离家不远的海滩上，年少的邓肯也随着潮水逶迤迈开了舞步，且不久即能靠给邻家小孩上舞蹈课来补贴家用。

大自然的韵律和古希腊戏剧的激情是邓肯舞蹈艺术的两大灵感之源。她憎恨芭蕾舞那一板一眼的结构体系，她不仅决心创造舞蹈的新形式，更着意要给舞蹈艺术带去新的前景——让表达性的肢体运动像通常的教学科目一样，成为儿童教育不可或缺的一部分。

少年邓肯曾与母亲前往芝加哥和纽约，在那里，她在剧院和杂耍剧场

为后知后觉的观众们表演。直到1900年她去了欧洲，邓肯才被正经当作一个舞者来看待。虽说最早的舞者生涯始于一些私人聚会上的助兴，但欧洲各大剧场很快就接纳了年轻的邓肯，观众们也因为她耳目一新的"现代舞"而如痴如醉。

20世纪初，芭蕾一度沦为一种窥视的艺术，观众尽是些眼巴巴望着舞女贴身短裙的男人。邓肯将独舞表演引介给了舞蹈观众。她谴责对舞女衣着的严格规定，她抛弃了束胸衣和小短裙，以一身简单飘逸的古希腊式束腰外衣，搭上色彩艳丽的长款披肩，赤脚登台。她的舞蹈表达着母性、爱与悲伤，女性观众颇感共鸣、座无虚席。

而与她激进的舞蹈主张几乎一样引人注目的，是她波西米亚式的私生活。她是一个口无遮拦的社会主义者和一个坚定不移的女性权利倡导者，不断挑战着社会规范。她声称不相信婚姻和一夫一妻制，她与众多情夫中的两位育有两子。不幸的是，两个孩子均于1913年的一场事故中溺水而亡。

同时，她还是纳塔莉·巴尼在巴黎的女同沙龙的座上客，包括作家梅塞德斯·德·阿科斯塔在内的众才女也与她多有过往。邓肯曾为阿科斯塔作诗道："我的吻就像一群蜜蜂/愿在你的双膝之间找到方向/吮吸你唇涧的蜜糖/抱拥你纤长的柔臀。"

以舞蹈教育来帮助人的全面发展，伊莎多拉·邓肯实现了她的梦想。在柏林、巴黎、伦敦和莫斯科，她都建立了邓氏方法的学校。然而，自古红颜多薄命，49岁那年，当她正驾驶着自己的跑车风驰电掣，不料她披戴的一条艳丽长巾竟然绞进了跑车的轮胎，害她被活活勒死。想起她早年对舞蹈服装的变革，那飘然的希腊长裙搭配明艳的长款披肩，这起意外事故仿佛竟也成了邓肯的悲壮谢幕。

◎ 乌兰诺娃

乌兰诺娃

乌兰诺娃（1910—1998年），前苏联女芭蕾演员。1910年1月10日生于圣彼得堡，出身于舞蹈演员家庭。1998年3月21日在莫斯科病逝，享年88岁。1919—1928年，乌兰诺娃在列宁格勒舞蹈学校学习，毕业后先后在基洛夫歌剧舞剧院芭蕾舞团和莫斯科大剧院芭蕾舞团任主要演员，1962年退休后从事排练工作。乌兰诺娃曾两次获得前苏联社会主义劳动英雄称号，1951年获前苏联人民演员称号。

乌兰诺娃的舞蹈艺术特色是，富于抒情诗意，刻画人物细腻，善于表现复杂的人物性格。在她的表演中，使舞蹈技艺、戏剧表演、造型姿态水乳交融。她追求表现人物内心的激情，动作自然流畅，典雅而富有音乐感。她的舞蹈艺术代表剧目有《巴赫切萨拉伊的泪泉》《天鹅之死》《罗密欧与朱丽叶》《灰姑娘》《天鹅湖》《吉赛尔》等。

芭蕾女神乌兰诺娃

　　珈琳娜·乌兰诺娃是位享有世界盛誉的芭蕾舞表演艺术大师。自 20 世纪 20 年代从舞蹈学校毕业以后，她就踏上了辉煌的艺术之路。她不仅赢得了功勋演员、人民艺术家等一系列荣誉称号，而且成为前苏联艺术科学院通讯院士和美国科学与艺术科学院名誉院士。她创造的玛丽亚奥杰塔、朱丽叶等艺术形象，始终是芭蕾舞剧表演艺术的典范，被认为是前苏联芭蕾舞学派的化身。"乌兰诺娃的舞蹈能净化人的心灵，使人的心灵变得高尚、懂得爱情。她的表演艺术能令观众产生一种奋发自新、积极向上、开始新生活的强烈愿望。"

　　乌兰诺娃于 1910 年 1 月 8 日生于彼得堡的一个演员家庭。父亲是玛丽亚剧院的著名芭蕾舞导演，母亲则是卓越的芭蕾舞演员和舞蹈教师。出生芭蕾舞之家的乌兰诺娃自幼受到父母的艺术熏陶。在她 4 岁的时候，父亲带她去观看母亲主演的芭蕾舞剧《睡美人》。当母亲饰演的紫丁香仙子飘然出场时，她感到母亲的表演是那样的美丽动人，以致她抑制不住"天真的狂喜"，情不自禁地大声喊了起来："这是我的妈妈，我的妈妈！"。

　　幼年的乌兰诺娃已逐渐感受到舞蹈是一种艰苦的职业。父母工作的劳累和生活的艰辛在她幼小的心灵留下了深刻的印象。在十月革命胜利初期那些困难的日子里，她的父母不仅要参加舞剧的演出，而且还要在影剧院

开场前同其他演员一起表演，每晚至少演出三次。小乌兰诺娃在家无人照料，只得和妈妈一起来到剧场。那是在凛冽的冬季，她亲眼看到妈妈在银幕后面的一间斗室内脱掉毡鞋，换上单薄的舞鞋，用冻僵的手指系紧舞鞋的缎带，然后面带微笑飘然出场。

微笑是做给观众看的，她的辛苦却骗不过孩子那双聪明的眼睛。她深知妈妈相当疲劳了。跳完舞，她们得徒步回家。而回到家里，等着她母亲的又是繁重的家务。夜里，乌兰诺娃一觉醒来，总是看到妈妈在不停地忙碌着，不是洗衣擦地，就是缝补衣裳。在她的印象中，妈妈似乎从来没有睡过觉。从妈妈身上，她意识到当一个芭蕾舞演员是非常艰苦而劳累的。正因为如此，当父母决定让她学舞蹈时，她本能地反抗说："我不学！"

然而，尽管如此，9 岁那年，她还是进入母亲执教的列宁格勒舞蹈学校，正如她后来回忆这段经历时所说的那样："当一名芭蕾舞演员并不是我的雄心壮志，是命运之神使我成为这样的人。"踏入舞校的大门，那美好、壮丽、宏大的芭蕾舞艺术殿堂，一下子就把她的心给吸引住了。她如醉如痴般地迷恋芭蕾舞艺术了。正是在这里，乌兰诺娃这颗芭蕾艺术幼苗受到精心地栽培和浇灌，她以极大的热情如饥似渴地学习舞蹈技艺。教练示范讲解时，她两只水灵灵的大眼睛一眨不眨，认真聆听，细心揣摩，反复领会。个人训练时，她总是从最单一、最枯燥的动作开始，对照镜子反复审视自己的动作和舞姿，有时一个动作要练上几十遍，每次练完都是气喘吁吁，汗水涔涔。母亲作为老师对她的女儿要求非常严格。

舞蹈学校的生活给乌兰诺娃留下了终生难忘的印象。她后来回忆当时的情况说："我们经常在冰冷的教室里和寝室里冻得半死，过着半饥半饱的生活。由于营养不良，同学们常常生病。诚然舞蹈学校的生活是很艰苦

的，但没有这段时间的艰苦磨练，就不会有今天的成功的快乐。"

1928年5月，乌兰诺娃参加了学校毕业生舞剧《仙女们》的演出，她的表演受到了同学和老师的好评。从此，她就像一颗熠熠闪光的小星在舞坛上引起了人们的注意，同年她进入了列宁格勒歌舞剧院芭蕾舞团。1928年10月21日，乌兰诺娃作为一名芭蕾舞演员在基洛夫剧院首次参加《肖邦妮安娜》的演出。她那优美轻盈的舞姿，丰富细腻的感情，准确明快的动作，博得观众的阵阵喝彩。在鲜花荣誉面前，乌兰诺娃并没有陶醉在成功的欢乐之中。她说："在一片赞扬声中，要善于捕捉另一种声音，即发自内心的批评以及人们要求演员发展个性和提高演技的声音。"

展现在乌兰诺娃面前的并不是一条鲜花铺就的坦途。在她成功的道路上既有胜利后的喜悦，也有奋斗中的痛苦。为了演好每一场芭蕾舞剧，她以惊人的毅力，克服了一些常人想象不到的困难。她不断增加排练量，常常连续不断地一练几个小时。衣服湿透了，脚趾磨出了血泡，晚上还要照常参加演出。她常说："芭蕾舞演员的成功就是不间断地重复体力劳动，为了琢磨一个表达某种情感的动作就得苦练几个星期，然后在舞台上即只是一瞬间。""只有劳动才能使舞蹈美丽、优雅、动人。"

乌兰诺娃所理解的劳动，当然首先是苦练舞蹈技术的基本功，但绝非仅仅如此。在她看来，随时注意生活的积累，学习和研究各种音乐作品，阅读书籍，学习别的艺术家的长处和听取他们的意见，永远一丝不苟地钻研自己表演的角色，这些也都属于他们必须进行的劳动。她说："这种'我必须'，这种遵守职业纪律的习惯以及我的劳动，在我这一生中一直跟随着我；它们对于降临到我身上的那种令人满意的成绩，起了很大的作用。"

辛勤的汗水终于浇灌出丰硕的果实。1932年她主演的《吉赛尔》，以其出神入化的演技使观众倾倒叫绝，被评论界认为是现代最高级的演出。即便是最苛刻，最严格的芭蕾舞理论权威也给予高度的评价："乌兰诺娃的表演飘溢着难以言传的神韵，她把自己的年龄、阅历和艺术修养融为一体，这就是她的魅力所在和成功的奥秘。"

1940年以后，乌兰诺娃相继主演过《天鹅湖》《睡美人》《胡桃夹子》《罗密欧与朱丽叶》《灰姑娘》《青铜骑士》《红罂粟》等古典和现代的芭蕾舞剧。塑造出一系列形态各异，风格多样，脍炙人口，极富魅力的舞蹈艺术形象，获得了观众和同行的极大好评。人们把她比作拉斐尔的《圣母像》，勃格克的诗、鲍特切利的音乐《春天》。

乌兰诺娃曾先后四次来中国访问演出，她以纯真而富有诗意的舞蹈艺术征服了中国观众。1959年，中国著名京剧艺术表演大师梅兰芳先生在看完乌兰诺娃的演出后说道："珈琳娜·乌兰诺娃在跳《天鹅之死》这个舞蹈时，虽然舞台上没有任何背景，但这位芭蕾舞大师仿佛把静谧湖畔的深秋凉意带入演出大厅，湖面上泛着惨淡的月光，映出一只孤寂天鹅的身影。她那缓缓抖动的双臂让人想到逝去的春日，失落的爱情和人生的痛苦……"

作为一位杰出的芭蕾舞艺术大师，乌兰诺娃在艺术事业上取得了卓越成就，也赢得了巨大荣誉，她多次受到前苏联最高苏维埃主席团的表彰和赞赏。她曾两次被授予社会主义劳动英雄称号，多次荣获斯大林奖金、列宁奖金和其他勋章、奖章等。

1960年，乌兰诺娃退出舞台后，一直在莫斯科大剧院从事教学工作，培养了一批又一批的芭蕾舞新秀。如著名舞蹈家李莫菲耶娃、阿德尔哈那

娃、谢缅民亚卡、马克西莫娃和谢米佐罗等都是她的得意门生。她给学生上课从不草率行事，她了解每个学生的性格差异、表演个性，体察她们的心情，并据此而因材施教。她对学生要求十分严格，练功时，不放过每一个细节，认真仔细地纠正不正确的动作。她鼓励学生独立思考，从不把自己的想法强加给她们。她十分注重培养学生的进取精神，激励她们在艺术道路上不断探索，自强不息。